好讀
BELIEVE IN READING

打造被動收入流

幫自己加薪 的 49 個富思維

「人生實用商學院」最受歡迎的共講者之一

林峰丕 著

目次

PART 1　【理腦】

創造被動收入前要有的基本知識

PART 2 【理財】
善用能為自己加薪的理財工具

PART 3　【理人生】

讓被動收入流向你的富足心態

花小錢投資腦袋，
被動收入安穩來

陳重銘（不敗教主）

　　人生在世走了這麼一遭，究竟是為了什麼？不知道大家有沒有思考過呢？在我跟淡如姐合作過三個課程之後，我從她的身上體會到，人生其實是一場「成就自己的奇幻歷程」。

　　淡如姐的事業是如此成功，如果我是她，我會將所有的心思都放在事業上面。但是淡如姐卻是花費大把時間越洋讀博士班，她還鼓勵我再去讀一個博士，我曾為此感到疑惑：「讀博士能賺到多少錢啊？」淡如姐只是淡淡地跟我說：「我只是想要成就自己，讓自己成長。」當你成長了，看到的風景就會不一樣。

股海在走，知識要有

本書作者林峰丕醫師，原本只是個投資小白，犯下跟大家相同的投資毛病。2004年他買了一張投資型保單，直到16年後的2020年，受到「人生實用商學院」的啟發後，決定把保單解約掉，這時他才發現，整整的16年僅賺到6萬元。

他從這個經驗中體會到「機會成本」的重要性，如果把這筆錢放在正確的地方，是可以創造出數倍的報酬，只可惜他當時不懂啊。俗話說得好「你不理財，財不理你」，然而每個人都想要從股市中提款，那麼誰又是別人的提款機呢？

一開始林峰丕醫師是「人生實用商學院」的忠實聽眾，後來成為淡如姐的助理主持，3年下來節目的下載總數，從三千萬、五千萬、一億，一直到跨越2024年時終於破十億！聽眾大幅成長了，林醫師的投資理財心法也一點一滴的凝聚成形了。

對林醫師來說，這3年絕對是一個學習跟成長的奇幻

歷程，恭喜他的成長，也很開心他能將寶貴的心得，集結成冊來跟大家分享。我常常說「股海在走，知識要有」，很多人只知道投入大把的資金來投資股票，但是你有花小錢投資自己的腦袋嗎？

很多人將股市當成賭博的工具，總是期待能夠低進高出，但是你知道價差其實是零和遊戲嗎？有人賺錢就一定有人賠錢，為什麼賺錢的人一定會是你？林醫師在書中提醒投資人不要自以為聰明，要審慎了解股市的風險，避免賠錢又賠掉心情。

學習正確的投資心法，別道聽塗說

為什麼有人在股市裡永遠賺不到錢呢？因為你沒有具備正確的認知。投資的觀念其實很簡單，就是「靠好公司」幫我賺錢。但是股票這麼多，要怎麼選呢？林醫師在書中提醒「不隨便投資自己不了解的金融商品」，要知道股神巴菲特（Warren Buffett）的第一條投資金律「不要賠錢」，許多人道聽塗說買進不懂的股票，是賠錢的最主要原因。

股市除了會吃人之外，其實也是金雞母跟搖錢樹，最近幾年每年都發放2兆元的股利，讓不少存股族笑哈哈，陳老師我也得以提早退休，海闊天空、自由自在。如果你學習正確的投資心法，股市其實是人人有獎的「正和」遊戲喔。

　　學習，是讓自己成長的最好方法，也是讓你在股市中安穩淘金的不二法則。所有的投資大師，都一直在不斷的學習，更是推崇閱讀的威力。在讀完林醫師的大作之後，我深深覺得這會是一本有幫助的書，也在此推薦給大家。

理財最難的，就在克服人性

王軍凱（非凡新聞財經主播、NEWS 金探號主持人）

「你不理財，財不理你」，雖然這句話再老掉牙不過，但卻也是無懈可擊的正確。到底人一輩子可以賺進多少財富？如果您每天努力上班卻不理財，那麼把年薪乘上您工作的年資，再加上一些外快，一輩子賺的錢就可以抓出個大概。

不過，如果透過理財，就有機會創造被動收入；當然，您也可能因為投資不當而財富歸零，因此這本書就顯得格外重要。因為林醫師這本書雖然不是理財工具書，卻可以告訴大家比工具書更關鍵的富思維，幫大家建立有效的投資觀念和邏輯，讓讀者財富、人生一把抓。

長期投資，才能真正感受複利威力

　　這本書厲害之處在於適合所有人。論起投資觀念，一般來說，每個人在不同的階段和年紀會有一些差異：年輕人的風險承受度高，可以選擇積極的商品；但中年人可能有房貸、有家庭，除了理財，更要理債、理婚姻。至於退休族不需要追求高報酬，以保本為第一，可賺取利息又不會成為兒女負擔，同時達成遊山玩水的目標就很重要。

　　而林峰丕醫師在書中談到的觀念，就涵蓋了不同群族的理財，萬變不離其宗的最重要關鍵就是：「理財一定要越早越好」，而且一定要「長期投資才能累積財富，而不是短期投機，暴起暴落」。其中長期投資這件事，最讓軍凱有感！

　　軍凱進入財經媒體20年，接觸過不少理財專家，發現理財最難之處不在於如何選擇投資標的，最難的反而在於「如何克服人性」！

　　很多人投資前雖然努力做功課，但往往買進商品後，卻因為短期虧損，無法戰勝套牢的壓力，開始對自己的選

擇產生懷疑，就在俗稱「阿呆谷」的低點賣出造成虧損。或是在買進商品之後雖然開始獲利，但面對商品價格的振盪或盤整無法保持耐心，急於口袋進帳，因此缺席了之後更大的波段獲利，這就是人性！

如何克服人性，最好的方法就是書中所提到的「看準趨勢，長期投資」，Buy and hold唯有透過長期投資才能真正感受到複利的威力，享受財富翻倍的甜美果實，也因此這兩年強調高息的ETF就大受歡迎。但ETF可不是閉著眼睛射飛鏢隨便挑，很喜歡林醫生在書中提到的一個重要觀點，高息雖然重要，卻不是唯一的參考標準。這些ETF的成分股當中，是不是也具備了產業高成長的特性，才是讓您可以同時兼顧利息和價差的好選擇。像近期大家都會說AI，但享受AI人工智慧帶來的便利，更不要錯過AI所伴隨的投資機會。

身處在媒體業當中，軍凱每天都會接受來自於四面八方的各種資訊，因此深深覺得在這個訊息爆炸的年代，其實並不缺訊息的提供者，反而更需要的是資訊的整理者。

「人生實用商學院」的精華濃縮

林醫師在這本著作中，就幫大家整理出幾個很重要的理財邏輯，簡單提兩個讓我很有共鳴的點：其一就是「不要怕借錢」，就算2023年因為通膨讓各國央行快速升息，但以台灣來說，利率也不過2％出頭，若可以利用這些低息的資金，妥善運用正確的投資觀念，讓投資的被動複利為自己錢滾錢，提早退休絕對不是夢想。但採取這樣的投資方式，前提是必須嚴守紀律，絕對不能把借來的錢拿去玩樂或短期投機，否則反將造成自己的財務黑洞。

另外一個讓我很有感的地方，就是書中提到要「聰明花錢」。舉例來說，太太開了一家零售公司，之前每天都要整理訂單資料，原本的發票管理系統雖然很便宜，但每天整理相關資訊就要花1個小時以上的時間，原本大家都視為理所當然，沒想要改變。不過去年開始，她引進新的一套發票系統，雖然每個月要多花數千塊，一開始員工也因為得要學習新的系統，產生一些抗拒心理，但在短時間內系統正式上線，讓每天整理銷售數據的時間就縮短到5

分鐘以內，節省下來的人力和時間，現在反倒可以另外創造數萬元的營收！

把上述提到的觀念套用在個人身上，或許我們沒有時間去聽100多集的Podcast，但只要少吃一頓大餐，花幾百塊錢買一本書，就可以立刻得到林醫師濃縮擷取的精華，再怎麼撥算盤都可以發現，這真的是一件非常划算的交易買賣，更是一筆對自己的聰明投資啊！

等待被我誤闖的香格里拉

從2021年元月第一次跟淡如一起錄Podcast，到我完成這本書稿，已經過了3年，錄過的集數超過100集，我絕對是參與度最高的共講者。

說起這個緣起，真的很有意思。我原本只是「人生實用商學院」的忠實聽眾，個人雖不能說是理財小白，但其實跟一般散戶沒兩樣，總是容易犯下一些過度樂觀、過度悲觀、忙進忙出、追高殺低的老毛病。聽淡如化繁為簡地把一些正確的商學院硬道理教給聽眾，我由衷佩服，也獲益甚多。

跳出舒適圈，跳進「人生實用商學院」

在參與這個節目之前，我們只是臉書朋友，未曾謀面。有一天她突然私訊我，問我要不要去節目裡談一談我的保單問題（因為我實在買了不少她覺得不該買的保險），以及聽這個節目的心得？我心想：我何德何能擔此重任？但她邀得誠懇，我沒怎麼猶豫就答應了。

錄完音後，我以為我們的交集應止於此了，沒想到一個月後，淡如又私訊我，問我要不要來講講自己失敗的投資經驗。我失敗的經驗多如麻，最慘痛的一次距今也不過6年；說故事不難，但要是說起來像「故國不堪回首月明中」，還真是難上加難。現在想起來，我答應得太快。

節目錄完後，淡如對我說：我覺得你的聲音跟我很互補，一剛一柔，你要不要來當我的助理主持？

我真的只當這是客套話，她卻說她從不講客套話。

於是，我跳脫了我的舒適圈，雖然也只是一小步。我開始一、兩週一次的「錄音行程」，起初還需到有點距離的市區專業錄音室錄音。後來疫情大爆發，錄音室去不

成，淡如乾脆在自家錄音；但因沒有獨立空間，我只能坐在小板凳上，旁邊放著一條小毛毯充當吸音棉，還得擔心一旁兩隻貓兒隨興弄出的各種聲響……

淡如行事果決，見住家旁的鄰居要賣屋，二話不說立刻買下，改造成她的畫室、工作室跟錄音室。我家跟她家相隔不遠，從此，對我而言錄音更加舒適方便，常是週末日，她去買完菜回來，我就跑去她家錄個三、四集再回家。

我的本職學的是醫，對商學完全沒有概念，聊的話題全靠她找題目丟資料給我，我再上網搜尋相關內容，仔細研讀消化，然後分享給我們的聽眾。所以每一集的節目，我敢說我自己的收穫最大，因為我花的時間最多。雖然無酬做節目，但我覺得充實，因為這是一個無價的學分，到了這個年紀，還能不斷學習，夫復何求？

建立思維邏輯，打好理財地基

她也常傳節目的下載總數來激勵我，這幾年，我們從三千萬、五千萬、一億，一直到跨越2024年時終於破

十億！她很淡定的告訴我，她這麼堅持日日更新的目的只有一個：就是把聽眾養出一個收聽的慣性來，而她做到了。現在幾乎每一天都有近150萬的固定收聽人次，有的聽眾甚至留言說，已經把這個Podcast的片頭曲設定為每日起床號，當成一天的開始。而高收聽率也使這個節目的排名始終保持在前十名。

3年過去了，我不但從中學到不少好的理財觀念，更把這些觀念實際運用在自己的投資操作上。這是一種自我印證，如果我只說不做，一來無法說服聽眾我們傳遞的觀念是否真有其價值；二來也藉此檢視並修正我長久以來不正確的投資組合。現在看起來，確實有了成效，而且我相信會越來越好。

以前我也走過許多冤枉路，但經常是痛好了就忘了疤，於是錯誤的坑又再次踏進。如果照這樣的慣性，未來的退休生活恐怕會是柳長暗、花不明。而我也相信，很多人也跟我一樣曾在理財的路上顛撲前行，走不上坦途。其實，整理錯誤、重新學習、建立思維邏輯，才是解決的根本之道。

我總覺得應該為這樣的一個「學中做」的過程做個總整理，也算是交一張期末報告。於是，有了寫這本書的念頭。

別把ETF當飆股

這本書的精髓可歸納成四個關鍵詞：「不躁進」、「不人云亦云」、「守紀律」、「持續前進」。

就以前陣子的ETF之亂為例，很多人一窩蜂地搶著申購00939、00940，聽說還有人解定存、拿房子貸款去瘋搶，造成銀行一度喊停，結果掛牌上市之後，這兩檔並無預期的大漲，反而是折價了6～7％。很多人失望之餘，又紛紛拋售，完全是非理性的行為。

看著大家搶著跟風，這就是人云亦云。不分青紅皂白就解定存 all in，這就是躁進。應該長期持有卻急進急出，這就是不守紀律。其實這兩檔ETF也都是值得投資的好標的，若想持有，可以用分批買進的方式長期關注，卻被當成搶短線的飆股來操作，當然是錯誤的做法。而這也是本

書想要導正的理財常見謬誤之一。

當我重新聽這些過往的錄音檔，並在鍵盤上忙錄敲打時，我彷彿又與當時那個有點青澀徬徨的自己打了照面。淡如跟我說：「我其實有看見你的進步，你現在當然還不算理財專家，但你已經有60分。」這是讚美還是溢美？我不知道，不過我也感覺自己有點長進。

無論如何，謝謝淡如給我這個機會，一個快速成長的機會。雖然她顯然認為我還不夠積極，還是不斷丟一個又一個有趣的議題給我，讓我們把「人生實用商學院」的影響力持續下去。

這是自我挑戰，也是自我投資，更是一趟「苟日新，日日新，又日新」的旅程。

雖然還不知道目的地會在哪兒，管他呢，出發便是。我相信總會有那麼一座香格里拉，被我誤闖。

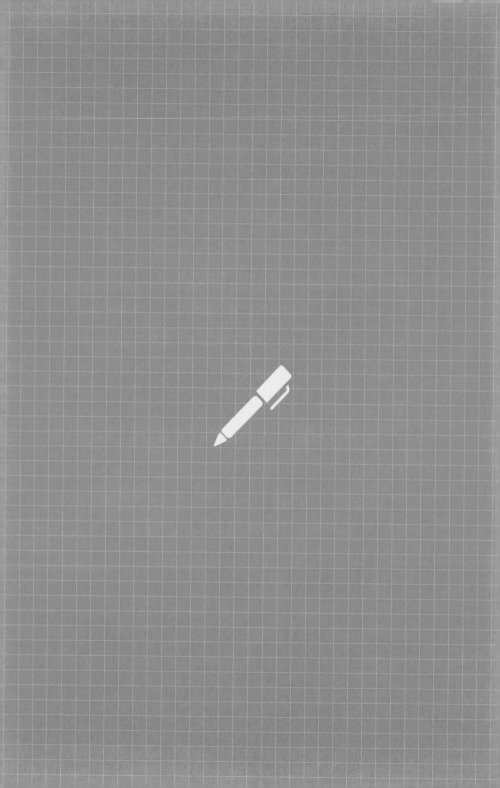

PART 1

理 腦

創造被動收入前要有的
基本知識

$

01

想早點加薪，
先投資自己

　　每個人都知道存錢很重要，如果沒有存下一筆相當的金額（以前大家認為是100萬，闕又上老師則認為需要300萬），其實很難談理財的配置問題；但是你如果問十個人，恐怕有八個都會告訴你：存錢好難啊！

　　為什麼要存下第一桶金這麼難？這是個很好的問題。

　　你會說，因為薪水太少，開支又太大，當然存不下什麼錢。對，但這只是非常表層的粗淺因素，底下其實有很多深層的問題可以探討。

沒有付出代價，怎能奢望改變？

　　薪水太少是誰的問題？為什麼找不到薪水高一點的工

作？是不是自己的能力有限？有沒有辦法再進修提升自己的能力？如果只是一直坐著抱怨薪水太低而不思改變，那你就永遠只能領那樣的薪水，怨不了別人。

根據勞動部的調查統計，2022年的高中職畢業生平均薪資是2.7萬元，專科畢業生是2.9萬元，大學畢業生是3.1萬元，研究所畢業生是5萬元。真的不能說很高，但這是平均數字，各科系的落差其實不小，如果你的起薪落在這個平均值以下，又想要存下人生第一桶金，比較切實際的做法，應該是要──想辦法先投資自己。

英雄不怕出身低，不管你是不是系出名門（校），重點在你有沒有一顆上進心。我看過很多人，從排名不是很前面的學校畢業，但很努力地充實自己，邊工作邊補習，還去念了研究所，而且是自己真的有興趣的科系，之後翻轉命運，進了前五百大企業，還當上主管職。他們的選擇不是偶然的幸運，而是自己希望有所突破；雖然剛開始必然有一段艱辛的路要走，但沒有付出代價，怎麼能奢望改變？

對比現在有一些年輕人，總是嫌錢少、事多、離家遠，

覺得既然老闆這麼摳，於是選擇跑外送，認為這樣既自由又能賺得多，就以此為滿足。其實我反而覺得這樣的眼光過於短淺，跑外送其實是一個不會有進步的工作，唯一的好處可能是自由不受約束，但其實那只是用時間在換錢；你再怎麼努力跑單，一天的時間畢竟有限，它是個天花板就釘在那裡的工作，沒有晉升的機會，也不容易加薪，你要跑到幾歲？

我認為它只能當成一個過渡時期的經濟來源，而非一個好的職涯規畫。做這個工作你不會有累積，更遑論成長，只是日復一日穿梭大街小巷，把人生的鬥志一點一點磨耗掉。如果把這個時間拿來投資自己，培養一個專長，不管是語言還是技術，肯定更能走出一條不一樣的路來。

節流與開源同樣重要，甚至更重要

至於開支太大，也要請你仔細做一個檢視，除了固定的必須支出（食衣住行）之外，你的褲袋是不是有漏洞？這當然是隱喻，你不必真的掏褲袋來看。請你把每一筆的消

費如實記載下來，你就會發現有許多消費都不是必要花銷。

我曾看過一位助理，上班時必帶一杯星巴克，午餐回來又順手提了一杯手搖飲，偶爾又參加朋友群組的團購，買一堆零食或美妝保養品。有一次我實在忍不住問她，妳這樣有辦法存錢嗎？她只能吐吐舌頭傻笑。

還有的人好不容易存下了一筆錢，卻又躁進跑去玩股市沖沖樂，自以為是衝浪高手，卻不幸遇上瘋狗浪，結果幾年的辛苦全都白費。有的人自己省吃儉用，卻偏偏家人被倒會、被詐騙或生意失敗，站在一家人的立場又不能不幫，結果存款全都拿去救火填坑。也有的人努力攢下了一筆積蓄，卻在正要起步的時候自己或家人生了重病，錢全都化成了醫藥費，所剩無幾。

有些問題錯不在你，但你卻受池魚之殃，只能說人生處處有危機，而你只能盡量避凶趨吉。要存到錢，節流與開源同樣重要，甚至更重要，越早有體悟越好。穩定的投資不冒進，與家人之間的金流要設下適當的防火牆，維持好的生活習慣，照顧好健康，這些都有助於你真的能夠存到錢。

02

比不努力更可怕的是
「無效努力」

　　很多剛出社會的新鮮人或職場菜鳥，經常都會問一個問題：如何能在工作領域裡成長得快一些？

　　說實在的，我也當過職場菜鳥，哪一個資深前輩不是從新手幹起？大家都曾有過相同的疑問：我很想努力，但怎樣才能快一點進入狀況？很多大師都可以提出具體論點，像是對岸著名知識平台的CEO脫不花就提出一個很重要的觀點：要擺脫「無效努力」。

擺脫無效努力的三帖藥方

　　很多人貌似努力，卻常把力氣用錯了地方，以至於弄了半天，不但沒有任何進展，可能還搞砸了一切，這

很明顯的就是做了無效努力。如果你始終沒把努力用在對的方向上，那不管花多少時間與心力，都不會累積職場的實力，當然也很難成長，到頭來只能不停埋怨工作或換頭路，無法進步。

她給出了三帖很有用的藥方。

一、在全局中努力。很多人都說自己很努力，但都只著眼在自己的事情上，並沒有考量全局；如果只是自掃門前雪，那不論你做了多久，都可能只侷限在自己的小天地中。聰明的人會把視野打開，看看在整個工作環境裡，自己能提供的最大配合與貢獻是什麼？再來因應調整自己要做的事情，這樣必然能夠讓最終呈現出來的效果加分，不但可以讓人刮目相看，也能學到如何省時省力。

這樣的努力不但讓自己有成長，也會讓上面的人更願意給機會，獲得拔擢。

二、要懂得用小努力去撬動大改變。相信大家都念過槓桿定律吧？意思是一樣的，就是善用工具（方法）來達到省力（成效）的目的。這並非是要你偷懶，而是更有效率的利用每一個人的時間與精力把事情做好。她舉了一個

看似無厘頭卻有其深意的例子：有一個教數學的老師，為了提升學生的學習成效，要求所有同學把等號一律畫成0.8公分。他認為這樣的小動作能讓孩子比較專注，而進入好的答題狀態，自然能增加答對率；而答對的題數多了，又能激發學生的成就感來引發學習興趣，慢慢變成一種正向循環，最後整體學習成效得以提高，這比你苦口婆心一百次更為有效。

找對方法其實不難，多問問有經驗的前輩，總能問出一些竅門，別老是閉門造車埋頭苦幹，才不會一直陷於泥淖。

三、想辦法化繁為簡。如果你的工作性質很龐雜，要盡量找出可以統整的脈絡，試圖建立出一套適用於每一個細瑣項目的SOP（標準作業流程）。這樣的好處就是當你每做一個新的工作時，都可以立即套用這個SOP，來幫你節省不必要的時間浪費。如果你可以這麼做，一定會比其他同事有更高的效率，別人做兩件事的時間，你可能已經完成三、四項交辦的任務。千萬不要土法煉鋼，一件一件慢慢磨，這樣永遠只能停留在原地，不會有長足的進步。

這三點建議聽起來平凡無奇，卻是能擺脫無效努力的良方。你會發現現在為何很多大企業一直在發展 AI、想以機器人取代人工；除了可以節省成本，另一個原因就是 AI 更能夠擺脫無效努力，因為他能從經驗中去累積智能，讓工作處理得越來越有效能。所以若你不想被 AI 所取代，除了要找對產業類別，更重要的就是能比 AI 更聰明。

　　而且你一旦把這套擺脫無效努力的思維邏輯內建在腦海裡，不管進到哪一個工作領域，都能很快就上手，不會一直浪費時間在試誤、更正，這樣才會不斷累積有效的工作經驗，並且運用在下一份工作上，否則你換再多工作也不會有所成長，永遠只能當職場菜鳥。

03

少喝一杯咖啡，
第一桶金提早來

每每在節目中談論理財話題，就會有很多聽眾留言說：「我生吃都不夠了，哪有剩下的可以曬成干？」

這確實是很多年輕人覺得理財起頭難的問題，但請你仔細想一想：你是真的做不到？還是不那麼認真想去做？

檢查自己還有多少水龍頭沒拴緊？

做不到可能是因為真的賺得不夠多，縮衣節食之後仍無結餘，那就真的沒辦法，誰叫你本事不夠，找不到薪水高一點的工作。但是我們發現很多年輕人其實不是真的存不了錢，而是太輕易就隨手花錢。

我曾經在進辦公室前會很習慣地帶一杯咖啡，即使只

是便利商店的咖啡，也得近五十元，更別說星巴克的咖啡都80元起跳，貴的甚至150到200元！後來我才問自己：真的有必要喝這麼貴的咖啡嗎？後來就改成濾掛咖啡，一包才十幾塊，帶進辦公室用熱水沖一下，一樣是一杯香醇好喝的咖啡；一天省個50元，一個月就是1,500元了。

如果你已經很省著吃，那就不便苛求。但很多年輕人除了正餐之外，還會不時買很多小吃跟零食來犒賞辛苦的自己，動不動就是一杯手搖飲、一塊香雞排、一袋加熱滷味或鹹酥雞……，如果不是非吃不可，請你不妨問問自己：這錢可不可以省下來？

外送服務盛行之後，很多人乾脆直接叫外送，為了懶得出門，卻又多出一小筆開銷，一次兩次也就罷了，只是日積月累下來其實也相當可觀。

還有的年輕人，明明有便宜的百元理髮，卻堅持要去高檔沙龍指定設計師；明明有平價的成衣，卻堅持要買時尚的潮牌；明明有更親民的日常生活用品賣場，卻一定要去貴了一成的藥妝店；明明去公園或河堤就可以跑步，卻一定要去加入會員制的健身房跑。更別說手機還堪用，但

新款一出，一定要去排隊搶一支。

這些花費看起來都沒必要性，但很多人眼睛眨都不眨一下就把錢花掉了，那些錢就像你粗心沒拴緊的水龍頭，看似無傷大雅的滴著小水珠，卻把你可以累積第一桶金的資本全都消蝕殆盡。

每月擠出3,000元，滾出自己的雪球

我無意要年輕人都過著清貧的苦行僧生活，但是能省則省絕對是你累積財富雪球的起點，除非你自帶金碗筷出世！而且這些小動作只要養成習慣，你根本不會覺得辛苦，反而會讓你更珍惜你賺的每一分錢。等到你跟身邊的朋友拉開了財富的距離，你得到的絕不會是嘲笑的異樣眼光，而是羨慕與欽佩的驚嘆表情。

別忘了，年輕就是本錢。這不是一句口號，而是一句實實在在的真理，我和淡如都曾有過錯誤的投資經驗，而當我們都深刻體悟到「理財就是在坡道上滾雪球」的理論時，其實都已不年輕。

如果在我們年輕的時候就有人指導自己這一套理論，相信以我們的理解能力一定可以明白，也就不必走過那些冤枉路。而如果你還年輕，為什麼不給自己一次做實驗的機會？你不會有損失，卻又可以見證這個論點的真實性，何樂而不為？

　　用一個不太雅的比喻：錢像乳溝，擠一擠總是有的。如果把上述那些多花的錢省下來，也不必多，一個月3,000元就好，拿來買平均年化報酬率6％的ETF（其實現在有很多ETF的報酬率都超過這個數字），讓它以複利的方式持續滾（就是把配到的利息再拿進去繼續買）。就這樣持續15年，你投入的總金額是54萬，但在第15年底你的帳上金額將會變成888,211元！如果你從25歲開始存，其實40歲要存到第一桶金絕對沒問題，而且這只是每個月3,000元，如果你能擠更多錢出來，或隨著年資增長有加薪，以及把年終獎金都投進去，金額一定更驚人。

　　所以並非做不到，只是你願不願意開始，一旦種下樹苗，果實就在未來等你。

每月 3,000 元，投資年利率 6% ETF 的複利績效

單位：元

年	本金	帳面金額
1	36,000.00	38,160.00
2	74,160.00	78,609.60
3	114,609.60	121,486.18
4	157,486.18	166,935.35
5	202,935.35	215,111.47
6	251,111.47	266,178.16
7	302,178.16	320,308.84
8	356,308.84	377,687.38
9	413,687.38	438,508.62
10	474,508.62	502,979.14
11	538,979.14	571,317.88
12	607,317.88	643,756.96
13	679,756.96	720,542.37
14	756,542.37	801,934.92
15	837,934.92	888,211.01

04

打敗通膨，
只能靠聰明投資

　　有德國股神之稱的安德烈·科斯托蘭尼（André Kostolany）曾說：「溫和的通膨是促進經濟成長的重要助力。」

　　但什麼是「溫和」的通膨呢？就是這個膨脹率不能超過你的薪水的漲幅，因為通貨膨脹一旦超過薪資漲幅，就表示你的購買力下降了，你覺得東西變貴了，你感受到日子沒以前寬裕好過了。所以各國都會訂出一個通膨的合理升幅，一般而言，2％以內是個可以接受的數字，高出太多就會響起警鐘。

薪水的漲幅永遠追不上物價

　　古今中外，我們可以看到不少受嚴重通膨所苦的例子，大家最熟知的就是辛巴威。他們通膨最嚴重的時候，竟發行過面額100兆的紙鈔，一共有14個零！在這種惡性通膨下，物價可能一日數變，你可能才一轉身，一條麵包又翻倍漲了，你以為100兆是大富翁嗎？錯！他只能買到3顆雞蛋。這種日子能活嗎？大部分的人根本不願持有本國貨幣，寧可用美金交易。

　　無獨有偶，國民政府也曾為了對抗惡性通膨而發行過金圓券，但後來情況是越演越烈，而台灣也一樣蒙受其害，最後以發行新台幣來拯救通膨，4萬舊台幣換1元新台幣，才慢慢將物價穩定下來。

　　通膨對於我們這一代的人來說，感受尤為深刻，因為我們走過台灣經濟起飛的那一段時間，經歷過台灣由貧窮走向富裕的過渡時期。我記得我小時候，一顆蘋果可能是公務人員半個月的薪水，那不是人人吃得起的水果，但後來大家經濟越來越好，從百萬富翁變千萬富翁，到現在，

身家上億的好像也已不足為奇。

我還有印象我上小學時，一格公車票才1塊錢，現在已經漲到15元；一碗蚵仔麵線才5元，現在漲到60元。這些都還不是漲最兇的，房地產的漲幅更是高的驚人，這些物價的上漲，就是通貨膨脹的最佳說明。如果你的收入也有相同的漲幅，那你就不會覺得日子難過，因為你完全消費得起。但我相信大多數的人薪資並沒有這樣的漲幅，也就是說，面對物價上揚，你會覺得自己變窮，生活越來越吃緊。

而這段疫情肆虐的時期，你會發現通膨的情況更加嚴重，為什麼？因為各國為了挽救大受衝擊的經濟，不斷印鈔票救市，鈔票一旦變多，自然變得不值錢，就必須用更多的鈔票才能買到東西，通膨怎會不嚴重？在我寫這篇文章的時候，美國聯準會主席鮑爾（Jerome Powell）終於鬆口，說這一波的通膨並非暫時的，他將會動用所有可用的工具來抑制加劇的通膨。此話一出，美股立刻應聲重挫超過600點。

而你必須相信，這種狀況絕對不會只發生在美國或幾

個有在印鈔救市的國家。貨幣是流通的，而美金也仍是世界最通用的強勢貨幣，所以通膨必定是全球性的，我們都將同蒙其害。而不管各國採用何種方式來抑制通膨，這都將是一帖苦藥，因為他絕非一蹴可幾，就像一列疾行中的火車，也絕不可能要他立刻緊急煞車一樣，在降低通膨的過程中，大家必定要歷經一段陣痛期。

東西貴就算了，政府祭出升息來回收過多的資金，你所有的利息負擔全都增加，靠出口賺外匯的企業也都將叫苦連天，因為升息會帶動升值，賺的外匯都將蒙受匯損。而股市也必然受影響向下修正，時間會維持多長全看通膨何時回穩，誰也沒有標準答案。

通膨本無善惡，只有失控才造成危害，既然我們已進入通膨時代，你要做的除了與之共存，更要聰明投資讓自己的資產能打敗它，否則就只能看它的臉色勒緊褲帶過活了。

05

投資科技成長股，
小心高收益債券

　　前面我提到美國聯準會主席鮑爾發言表示，將動用所有方法來抑制通膨，引發了一波美股重挫。為什麼？因為大家很容易把這句話解讀為：美國短期內看不到降息的影子了，也顯示高息時代將持續一段時間。

　　升息代表要設法收回過度氾濫的資金，另一步就是縮減購債規模，增加發行國債的結果，會讓美債殖利率上升，資金就會從股市流向債市。這幾年的升息，已讓很多貸款戶的利息成本跟著增加，也會讓資金需求大增，這些影響自然會讓股市呈現巨幅震盪。

債券一樣有風險，不可不慎

　　股市是一個很敏感的地方，鮑爾只是講了幾分鐘的話，很多投資者就自己衍生出一大堆的想像，恐慌感很容易一下子突然竄升，股市自然立刻狂拉肚子。這樣的例子歷史上也出現過，2013年美國也曾一度宣布要減少購債，也是造成股市狂瀉，讓大家心驚膽跳。

　　既然長期通膨已成既定事實，而美國也祭出一些手段來抑制通膨，無可否認的，我們都要認清我們的資產正在悄悄的縮水。每一種東西都變貴，你的購買力下降，一張千元大鈔沒買幾樣東西就飛了，這就是通膨給我們最直接的感受。那我們該如何才能讓自己的資產盡量不被通膨這隻怪獸啃噬？

　　有些專家提出幾個方法，但是你可能要多加斟酌：

1. 投資科技成長股。

2. 若你已經滿手科技成長股，那就改買景氣循環股。

3. 若你兩者都有了，那就投資債券，而且是高收益債。

4. 如果你還有錢，可以再投資實體資產，如黃金、房地產等。

先姑且不論大家有沒有這麼多錢可以分散投資在這麼多不同種類的標的上，就算你真的有，這其中也還是有些東西你必須考慮再三，小心再小心。尤其你不熟悉的金融商品，購買前最好慎重。

　　債券在一般人的觀念裡，多半是投報率較低，但相對安全穩定甚至保本的投資工具，可是在雷曼兄弟連動債的事件爆發之後，大家才驚覺，原來債券從來不是一個這麼單純的東西，它一樣會有高風險，甚至讓你血本無歸的可怕後果。尤其是所謂的高收益債（也稱為垃圾債），這些公司可能從正常的管道（銀行融資、股市）募集不到足夠的資金，於是發行債券籌募資金，但公司的體質不佳，或是產業前景有疑慮，只能提高債券的利率來吸引投資人買進，所以投資人要承擔的風險其實不小，一旦這家公司經營出問題，就很可能違約（付不出利息），投資者就會蒙受損失。

　　有些高收益債就是把許多債信不良的公司債再重新包裝成一個新的商品來出售，投資者沒有仔細去看這些成分債的風險，只是聽信一些理專天花亂墜的話術鼓吹（很可

能連理專都不見得很清楚他賣的是什麼，只是為了主管給他的業績壓力），就貿然投入血汗錢，有些很可能是長輩畢生努力的積蓄或退休金，他們只是單純的以為這個商品可以保本，並賺取一些比定存高一點的利息來過活，結果居然是一場騙局。

另一項淡如不認同的就是投資黃金。投資黃金不會孳息，而且歷史告訴我們，黃金永遠只在災難戰爭來襲時才會暴漲，但到了那時候，你的黃金再值錢，恐怕也換不到糧食或機票。如果你真的很偏愛黃金，也相信它能保值，那投資比例也不該超過5％。

通膨確實正在發生中，但你有更聰明的選擇來對抗，前提是你要先把這些工具認識清楚，糊里糊塗亂撒網，恐怕落得魚死網破、悲劇收場。

06

抓住成長曲線，
忽略短期震盪

　　在介紹《致富心態：關於財富、貪婪與幸福的20堂理財課》（*The Psychology of Money: Timeless Lessons on Wealth, Greed, and Happiness*）那本書時，我們提到書裡的一個故事，是關於美國金融市場裡的一個傳奇人物——傑西‧李佛摩（Jesse Livermore）。

　　此人曾被時代雜誌稱為「最活躍的美國股市投機客」，在他63歲的生命裡，多次破產後又致富，整個人生就像坐雲霄飛車般大起大落、驚心動魄。他當然是個聰明的人，憑藉著熟記各種金融指數跟對數字的敏銳度，讓他在幾次黑天鵝來襲時，不但沒有虧損，反而因提早放空而大賺一票。

　　這其中以1929年美國爆發經濟大蕭條那次最為經

典，那年10月底的那一週，不知有多少投資人因無法承受巨額虧損而走上絕路，但傑西·李佛摩卻因大大放空股市而暴賺了一億美金，當年美國的年稅收也不過42億美金，可以想像他成為最大獲益者的風光模樣。

把坡道做長，不要賭身家

股市是個零和遊戲的市場，有人慘賠就有人致富，傑西·李佛摩等於是踩在別人的屍骨上跳舞。當時他擁有全紐約最漂亮的辦公室，就坐落於第五大道上，裡面還有私人專用電梯，根本就是股市裡最呼風喚雨的人。如果是我，一定見好就收，穩穩當當過一生，還可福蔭好幾代沒問題，但這樣的人野心像個無底洞，永遠沉迷於追逐，所以結局就很戲劇化。

短短3年多，他那一億美金就全賠光，再次破產。這重重一跤，讓他一蹶不振，再加上他複雜混亂的家庭問題，使他生命的最後幾年一直陷於憂鬱之中，過世的前一年，他將畢生的交易經驗寫成《股票作手回憶錄》

（*Reminiscences of a Stock Operator*），但這本書在當年的銷量不佳，因為沒有人想看一個惡名昭彰的失敗者寫的書。最後傑西·李佛摩在1940年選擇飲彈自盡，結束他63歲的傳奇人生。

很多人可能很羨慕他擁有那樣的財富，但他終究沒守住這筆財富。因為善於理財跟能否守財是兩件事，也一樣重要。我們都知道這世界沒有零風險、高報酬的投資，但很多人卻永遠懷抱這種夢想，想一夕致富，於是用賭身家的方式在玩投機遊戲。仔細想想：理財靠的是智慧，賭博靠的是運氣，如果你硬要把兩者混為一談，就很難好好守住自己的財富。

我們再來看看另一位傳奇人物。投資大師巴菲特應該算是非常洞悉市場脈動的人了吧？他所領導的波克夏公司，在漫長的經營歲月中，也只有極少數的幾年有打敗過標普500（S&P500）指數的成長率，大多數的時間他的績效還是輸給了大盤。但那又如何？他的財富還是雄厚到傲視群倫，重點在他能穩穩地按部就班去涓滴累積，他不求快速賭一把，他明白只要這個市場長期的成長曲線是逐

步往上，那他就不必去管中間偶爾的波動震盪。

這個世界從來不缺突發性的經濟危機，從1850年到現在，大大小小的股市地震不知發生過多少回，我想請問聰明的你，我們人類的經濟是否因此停滯不前？是否因此民不聊生？答案你應該很清楚。

巴菲特善於運用複利效益，這會讓雪球越滾越大；還有，他知道要將坡道做長。什麼是把坡道做長？就是盡量讓自己健康長壽，唯有如此，你才能真的享受到理財的豐碩成果。他一輩子經歷過十餘次的經濟衰退，但從未因此驚惶失措、拋售股票。因為他很清楚只要他好好活著，這些都會過去，而且都會繼續向上，重要的是，絕對不要賭身家！

這本書為投資天才下了一個很棒的操作型定義：投資天才就是當眾人失去理智的時候，還能夠正常行事的人。很值得你我深思，不管在理財或健康上，若你能做到這一點，那你就是投資天才。

07

年齡不同，
理財策略也要不同

　　哈佛大學的心理學教授丹尼爾・吉爾伯特（Daniel Gilbert）曾說過：「我們在人生的每個階段所做出的決策，會深刻影響未來的自己想要成為什麼樣的人、過什麼樣的生活。一旦我們變成那樣的人，卻又總不滿意之前所做出的決定。」

　　也就是說，我們常常在懊悔的情緒裡過日子，總是覺得自己之前幹了蠢事、不夠明智。其實，我們是可以跳脫這樣的輪迴的，只要你能找到對的觀念，並制定出正確的計畫，理財當然也是如此。

　　很多人自認聰明，什麼熱門就投資什麼，一窩蜂的結果常常就是賺少賠多，搞了老半天到頭來根本白忙一場。其實你可以不用這麼忙，如果善用複利概念跟長期效應，

人生其實不用忙（盲）進忙（盲）出。巴菲特的合夥人查理·蒙格（Charles T. Munger）曾說：一個聰明的人，有三件事絕不該做：

1. 不做快決定。

2. 不刻意避免痛苦。

3. 不自視過高。

如果把這些準則代入理財領域，可以改寫成：

1. 不隨便投資自己不了解的金融商品。

2. 如果是非經濟性的恐慌下跌，不要害怕短期套牢。

3. 不要自以為聰明，覺得自己能夠打敗大盤。

他還特別強調複利的重要性（愛因斯坦曾說複利是人類的第八大奇蹟），如無必要，請勿輕易打斷它，只要一被打斷，複利的效果立刻打折扣。如果能遵照他所說的這三條準則，其實成為富人並非難事。

最常破壞理財規畫的3件事

淡如也歸納出台灣最常見的破壞長期財務計畫的行

為，**第一件是小心把錢借給別人或幫人作保。**如果有人來借錢，請衡量一下對方是否是個無底洞；還有，要有借出去就要不回來的心理準備，請將金額控制在即使要不回來，你也不會被拖累或太心痛的範圍內。**第二件是不要打腫臉充胖子。**像是為了虛榮，一直追求華而不實的名牌貨。

第三是不要為追求財富而走極端。像是迷信高報酬而掉進「龐氏騙局」（Ponzi scheme，又稱為金字塔型騙局，有點類似台灣民間的老鼠會，通常以高報酬低風險為餌，以新投資者的錢支付舊投資者的利息或短期回報，以製造賺錢假象，騙取更多投資者。）之類的陷阱，或夜以繼日的工作把自己的健康賠進去。這些常卡在人情邀約或壓力之下而讓你妥協的惡行，絕對會讓你午夜夢迴痛心疾首悔恨無極，除非你很想體驗一次有多痛，不然千萬不要碰。

九次小賺抵不過一次慘賠

建立一套自己的長期財務規畫，可以依你的年齡來做

不同的調整。越年輕的人，可以承擔的風險越高，你可以主動去挑選具有潛力的投資標的，但請別忘記，這個世界不斷在轉變，今日的榮景不代表永遠，隨時可能變成明日黃花。你看看柯達、NOKIA、百視達的例子就知道，所以你必須與時俱進，懂得見風轉舵，才不會被時代的巨輪碾碎。

而中年之後，你要求的是穩，請不要再殺進殺出，每天在玩雲霄飛車。永遠記住九次的小賺可能抵不過一次的慘賠！如果你還想在退休之後擁有好的生活品質，你必須讓你的錢在一個穩定的獲利中去進行複利的翻滾，太多的研究已經揭示了定期定額的投資，不去管短期的波動震盪，只要你保有生活所需的足夠資金，就穩穩地按步調來前進，最後一定能享受到甜美的果實。

我們常常是在一連串的錯誤中，才終於了解自己以前浪費了太多時間做太多錯誤的事，所幸建立長期財務規畫，任何時間開始都不嫌晚，你一定也走過冤枉路，過去的就當作沉沒成本，請你忘了它，別再念念不忘，趕緊重新起步，你才會扭轉人生。

08

學習用反向思考來理財

在投資領域裡，我們常常聽到一句話：在別人貪婪時你該恐懼，在別人恐懼時你要貪婪。或是：人棄我取、人取我棄。

美國的投資大師霍華・馬克斯（Howard Marks）在他的著作《投資最重要的事》（*The Most Important Thing Illuminated: Uncommon Sense for the Thoughtful Investor*）裡有一章談「反向投資」，就說明了相同的觀點。他說我們應該在別人沮喪拋售的時候買進，在別人興奮搶買的時候賣出，這需要非常多的勇氣，但卻可以帶給你最豐厚的獲利。

不做功課撿明牌，容易落入人性陷阱

相信這個論調很多人都知道，但是真的做得到的人卻很少，不然也不會有大多數的人都賠錢的事實存在。

為什麼明明是真理，卻少有人能做到呢？因為大多數人還是很容易犯人云亦云的毛病。看到別人說什麼股票好，就想說那不然也來買買看，這種完全不去做功課了解產業狀況，只想撿現成明牌來跟的人，其實往往都是搭上了末班車。也就是有心人都已經布局好了之後，再來放好消息給一般散戶，等散戶忍不住都進場買時也就是這些人倒貨的時候。

請回想一下你自己是怎麼買股票的？是不是在新聞上聽到一些財經專家天花亂墜，告訴你哪些股票前景看俏，然後越聽越心動就買下去了？然而，這些被力捧的股票很可能都已經漲了一段時間，你從原本的半信半疑，到越看越眼紅、欲買恨晚，到終於奮力一搏，這個過程其實早已落入人性的陷阱。

此時就算股票仍然回跌，你也還是認為絕對會再向上

爬，所以就企圖加碼攤平，卻沒想到股價竟像洩了氣的皮球欲振乏力，讓你攤平攤到手軟，心也越來越慌。等到最後一個急殺下來，你可能已經六神無主，無法承受虧損的打擊，於是草草出脫在一個非常低的價格，因為覺得可能再不賣掉鐵定會賠更多，結果一賣掉之後，它居然就止跌回升了。

如果你的悲慘經驗不幸被我言中，請不必太難過，因為同樣的錯我也犯過。而且不只我犯過，聰明的大科學家牛頓也一樣犯過，他的虧損還遠勝過你我！牛頓不是說過一句名言嗎：「我能算得出天體運行的軌跡，卻算不出人性的瘋狂。」這就是他在巨額虧損後的血淚心聲。

連天才科學家都難以克服的心魔，更遑論平凡的你我。

但跌，跌過一次就好，真的不需要一跌再跌，那就不值得同情了。

人多的地方不要去，韭菜不用搶著當

所以我們應該學著反向思考，當你聽到媒體一面倒地在為某支或某類股票大肆宣揚說它多好又多好時，請你冷靜地告訴自己：相同的套路又來了，不要又被騙。我們人生實用商學院從來不鼓勵投資個股，但你如果就是喜歡（或習慣）操作股票，不妨試著反向操作。

請記得，務必先耐住性子觀察，當你發現被吹捧的股票一路漲上去，請你完全不要追買，等到某一天它來到高點並爆出大量時，你再去放空它；而當它一路被殺下來時，同樣請你按兵不動，等到某一天它出現一個急殺並且放出大量，你再進場撿便宜。也就是把你以前習慣的操作模式顛倒過來做，或許才是真正扭轉命運的方法。

其實你真的不用花太多腦筋在操作個股，風險高又膽戰心驚，何苦來哉？學學巴菲特的價值投資法吧，聚焦在投報率穩定，又大到不能倒的公司，而且最好是一籃子這樣公司的集合體，那其實就是ETF。不管是台灣50（0050）或各種高股息的ETF，其實都是很好的標的，人

家已經幫你篩選出最績優的好公司，還分散了只投個股的風險，應該比你憑感覺選股要值得信賴的多吧？

　　無論如何，人多的地方不要去，是避免被當韭菜割的重要守則。就算你投資的是好股票，也請按部就班長期慢慢投入資金；如果總是跟著大家的腳步，還是很難避開追高殺低的慘劇。

09

你要他的利，
他要你的本

　　《雜訊：人類判斷的缺陷》（*Noise: A Flaw in Human Judgment*）是一本暢銷書，我相信很多人都讀過。當時我收到這本書，並被告知要在人生實用商學院裡談的時候，真是頗傷腦筋，因為我很久沒看這麼「硬理論」的書了，而且它很厚，將近550頁，讀起來真心不是太容易，但讀完之後，思考確實有被一把鑰匙給打開的感覺。

天底下沒有公平的事

　　原來，我們的生活中有太多你習以為常的事，時時刻刻都受到雜訊的影響。小自你買東西時受到標價的影響，大到你去參加口試或應徵工作時的面試、申請理賠時被判

賠的金額，又或是法官量刑時的參酌因素等，每一項幾乎都受到雜訊的左右，可以說只要由人腦來主宰的決策過程，就不可能不受雜訊的干擾。

這想起來有點可怕，因為你會發現，原來天底下根本沒有一件事是真的公平，我們以為的平等原則，其實常常包裹著一層雜訊的糖衣，等你把糖衣化去，才驚覺內容非你所想。

舉例來說，以前我們還有聯考的年代（不知道聯考的代表你很年輕，可以跳過），國文是要考作文的，占分不高不低，若想上個好志願也不是你說想放棄就能放棄的。每一份試卷都會由兩位老師評分再取其平均，以示公平。但首先，每一位閱卷者要看幾千份考卷，剛開始可能還能保持一點客觀的態度去評分，等看了幾百份之後，誰還能那麼耐煩細看？只要是字寫得工整、沒錯字，內容四平八穩，通常就會有個中上的分數；而那種字寫得歪七扭八又潦草，油墨不小心被暈開的卷子，即便你的文章觀點再犀利、文筆再流暢，分數也可能不會太好看。

其次，第二個閱卷者通常會看到第一個人打的分數，

也就是說，他會受到第一個成績的影響來下分數。如果他看到一份內容其實不知所云、毫無重點的作文考卷，但是第一位老師可能因為看到字寫得還不錯給了個高分，請問第二位評分者會給出低分的機率有多少？我可以告訴你，真的不會。他多半還是會依循前一位閱卷者的成績頂多扣個一兩分。

這些都是雜訊作用，而雜訊也可能影響我們的理財決策。

小心華美糖衣下的雜訊

在理財的路上，我們也常會聽見一些雜訊，有些是合法的，有些是非法的。合法的像是保險經紀以理財的話術兜售保單，告訴你買保險也是一種投資，結果你傻傻地買了之後，才發現繳出去的費用被東扣西扣，真正用於投資的部分少得可以，根本不符合投資原則；等發現上了賊船想下船，錢恐怕也折損大半，變成進退兩難。

或是像銀行理專不斷遊說你高投資報酬的金融商品，

說的績效天花亂墜，卻沒有告訴你潛藏的風險，或是那些風險提醒文字根本隱藏在說明書密密麻麻的文字堆裡，你完全不想細讀。等到哪一天金融風暴突然來襲，他也只能兩手一攤，把責任全都推給你自己。

不合法的就更多了，龐式騙局的吸金案每隔幾年總是會聽聞一次，先利用高利息吸引你把錢投進去，將後加入的會員繳款拿去給前面的會員當報酬，誘騙更多人跳進來。儘管招數不新，卻總能奏效，最後再捲款潛逃國外，留下一堆悲慘的投資人欲哭無淚。

或是詐騙集團假冒名人邀你免費加入群組，說是要提供給你飆股，卻是要你幫他們抬轎，再趁勢倒貨給你，而且可能都是境外的雞蛋水餃股，根本不值錢。或是美其名說是幫你代操股票，還用假報表騙你獲利豐厚，要你持續加碼，等你覺得苗頭不對想把錢領回來時，他就人間蒸發，從此失聯……

這些雜訊都有華美的糖衣包裝，如果你貪圖不合理的高利潤，自然就容易掉進迷魂陣、流沙堆，你要他的利，他要你的本，因小失大，從來都是人性中無法根治的頑疾。

這些是《雜訊》這本書給我的商學啟發，不管你是做生意的，還是消費者、投資人，看完之後都會對整個思維邏輯有打掉重練的感覺。

10

不想被割韭菜，
就要了解股票成分

　　一個企業該不該加糖？或是糖該怎麼加才對，才不會拖垮主體？我想這是很多經營者都想知道答案的問題。

　　這裡所說的加「糖」，指的是企業的版圖擴張，或是業內業外的投資。

企業加糖，是好還是壞？

　　先說一個故事，當年乾隆皇下江南曾到揚州一遊，當地鹽商自然是要盡地主之誼好好款待當朝天子，端上檯面的菜色絕不只是山珍海味，而是要「只應天上有，人生難得幾回嘗」的珍饈美饌。鹽商們在廳外候著，就是為了想聽到皇上傳來幾句嘉獎讚許，但左等右等，怎麼就是等不

到。

這時一位宦官出來，大家緊張地簇擁而上，問皇上是不是對菜不滿意，怎麼都沒有任何動靜？這時宦官露出詭譎的笑容說道：「你們上貢的菜自然是好得沒話說，但你們得想想，如果皇上回宮了，哪一天突然心血來潮指名要吃這桌菜，這要教我到哪兒生呀？為了不讓這種事情發生，我在每道菜上桌前都加了一勺糖……」

這對鹽商來說絕對是勺壞事的糖，對宮裡的太監卻是省掉麻煩的糖。其實糖就是糖，無善無不善，只看加的人如何運用、用量對不對。

同樣的道理企業是否該擴張，是否要投資，也都沒有絕對的對與錯，因為成功與失敗的例子都很多，或許天時地利人和等因素都有關係，但是，有沒有拿捏好風險承受的能力，往往就是成敗的關鍵。

像對岸的海南航空，原本是一家口碑風評都相當不錯的公司，卻因為做了太多業內業外的投資，它的子公司孫公司加起來，恐怕超過兩千家，說實在的，我不相信這家公司的老闆有辦法記住他的所有相關企業。而這麼龐雜的

關係企業體，有多少是空有虛名實際上完全是在燒錢的老鼠屎，老闆可能也無法掌握，所以一旦發生危機，很可能就會像曹營剛練成的水師連環船，一把火射過來就全軍覆沒。

不懂的東西不要碰

還有，加的這勺糖是不是你熟悉的糖也是個重點，有很多企業為了增加營收，硬要去涉足自己不熟悉的領域，以為別人的成功自己也能複製，結果根本是門外漢來掌舵，怎麼能奢望成功？這時你該分清楚，你要做的是經營者的角色，還是只是單純的投資？兩者不要混為一談。

像是我們這裡有不少富可敵國的傳統企業，其公司本業的EPS可能不怎麼漂亮，但公司的資產價值卻高得驚人，為什麼？因為公司的經營者非常善於投資，對於業外投資他們並沒有涉入經營，卻帶來可觀的經濟效益。可見如果投資眼光夠精準，有時候做個單純的投資者，會比硬要介入經營權來累死自己、並拖垮公司要好得多。

再者，有些糖加得巧妙，不但可以在市場殺出一條血路，還能回頭幫襯企業主體，像麥當勞的McCafé就是一個例子。本來麥當勞的咖啡並不受人青睞，但他們想辦法努力提升咖啡品質，並用子品牌McCafé打響招牌，不但創下很好的銷售額，也帶動母體企業的營業額。子品牌承襲了母品牌的光環，而母品牌也獲得了子品牌加持，現在批評他們咖啡難喝的客人就少了許多，而且因為價位設定得宜，還一舉拿下澳洲跟紐西蘭最大連鎖咖啡店品牌。

顯見地，加糖並不全然會壞了一盤菜，怎麼加？加得是否恰到好處？這些才是關鍵。

你會說：我又不是企業主，也不想開公司，需要了解這麼多嗎？錯！你或許不是大企業主，但卻很可能是購買這些企業股票的投資人。在你打算買下一張股票的同時，關心這家企業所加的糖是否恰當，不是很合理嗎？這也是為你自己的荷包著想。

許多人在超市挑選日常用品時，會對商品背後所列的成分表仔細琢磨、斟酌再三，但在購買一張幾萬元甚至數十萬元的股票時，卻是全憑感覺，這種思維邏輯不是很荒

謬嗎？如果不想莫名其妙成為被割的韭菜，還是應該對有

興趣的標的深入了解才對。

11

心理素質不夠強，
牛頓也賠光身家

　　常常聽到有些知名的企業家或經濟專家在預測未來的宏觀經濟，然後很多投資人會根據這些預測來訂定未來的投資策略。如果你仔細觀察過，就會發現，每個機構或專家所預測的論點其實非常分歧，有人說好，就會有人說壞，而且如果等到一年之後再回頭看，這些預測被證實是正確的，其實非常有限。

　　這樣看起來，我們到底需不需要去參考對未來的經濟展望？

科學家也算不出的人性瘋狂

　　其實很多數據的預測，說起來都是玩弄博弈思維。舉

例來說，一個預測股價漲跌神準的分析師可以這樣玩：他可以告訴100個客戶某支股票明天會漲，對另外100個客戶則說明天會跌，第二天一定有一半會對；然後再把對的這一組再分成兩組，告訴其中50個明天會漲，另50個明天會跌；第三天再把對的一組再分成兩組，跟其中25個說隔天會漲，另25個說隔天會跌……

只要這樣操作一陣子，每天一定都會有人收到正確的預測，然後只要五次連中的客戶，大概就會把這個分析師當成神明來膜拜。但他是真的神準預測嗎？當然不是，他用的只是數學邏輯的技巧。

就連牛頓這麼聰明的科學家，也曾在股票投資上栽過一個大跟頭。他曾經買進一檔名為「南海」的股票，從100英鎊漲到300英鎊，他以為賺得夠多了，就急著賣掉；沒想到賣掉之後仍然繼續漲，讓他後悔賣太早，終於在漲到700英鎊時，他再也忍不住了，又跳進去買，而且這一次他是使勁地買、用力地買，把所有身家都投進去。

果然，梭哈之後，股價還是扶搖直上，一直漲到1000英鎊。牛頓真是樂壞了，他覺得這是他人生中做的

最對的一件事，沒想到後來股價開始急轉直下，但牛頓沒賣，因為他覺得一定會再漲上去。遺憾的是，這次剛好遇上大股災，股價就像瀉肚子般止也止不住，等到最後他發現一切已經無可挽救時才認賠出場。為此他把上億身家全賠光，據說賠掉的錢在當時足以打造一艘軍艦！劍橋大學也只好為這位一貧如洗的窮教授提供宿舍，否則他連安身之處都沒有。

牛頓因此留下一句名言：「我能算得出天體運行的軌跡，卻算不出人性的瘋狂。」

心定，才能久安

一個這麼聰明的科學家都無法準確預測股價，您若自認可以，應該比牛頓更能名留青史才對。我們都知道這是上帝才能做的事，但很多人偏不信邪，就想扮演上帝的角色。有人這麼說過：股票市場表現得符合正常，這絕對是種不正常的現象，只有不正常的表現才是常態！市場保持非理性的時間，絕對比你保持不破產的時間還要長得多。

那你會問：如果預測經常不準，沒有參考價值，我們要如何做投資判斷？

　　其實還是那句老話，按照一定的步調，穩穩地向前，摒除這些短期影響經濟的因素，才是最好的投資心法。1930年出生的股神巴菲特，說他已記不清自己經歷過八次還是九次的經濟衰退了，這些都是資本主義體系的一部分（也就是我們必然會遇上的黑天鵝）。如果他也像一般投資人那樣追高殺低、衝進衝出，他絕對不會存活到今天，就算存活，也絕對不會是股神。他憑藉的就是那股自律的精神，他有自己的判斷依據，不會輕信他人的預測。

　　只要你還活在這世上一天，你就應該了解，整個人類的經濟只會不斷向前、向上增長，再壞的狀況都會過去，人類總會想方設法地去化解危機，因為沒有人想越活越倒退，越活越貧苦，自古至今皆然。

　　所以預測的事，就留給愛預測的人去做，說不定他們自己也未必相信自己的預測。你要做的是：心定。以一顆恆定的心去看這個瞬息萬變的世界，你才會活得長治久安。

12

「明牌」經常是
有人在倒貨

詐騙集團的猖獗，可以從新聞報導每幾天就會爆出一則相關事件得知，而且金額都很驚人，不禁要讓人感嘆：台灣人怎麼這麼好騙？還有，台灣的有錢人還真不少。

萬般拉抬只為出

就我長期參與人生實用商學院的觀察，只要談到投資理財相關的話題，常常在淡如的po文底下，就會有詐騙集團來留言，說是除了版主之外還有某某某的版面分析精闢、值得參考云云。要不就是利用淡如的頭像去開設一個假的專頁，說是可以提供免費課程，並傳授給大家飆股的明牌。這樣的假粉絲專頁大概不下百個，即便是淡如本人

或是她的小編出來大聲疾呼要大家別上當，總還是有幾個粉絲會跳出來問：請問這是真的嗎？

而非常不幸地，還真的有她的粉絲誤信了這些詐騙集團，損失了巨款，實在是非常遺憾的事。深究其因，就是很多人還是很喜歡聽信明牌，總覺得有人報明牌，就一定能賺到錢。

這習慣大概源自於3、40年前大家樂風行的年代，全國大大小小的廟宇都有人瘋求明牌，有人甚至半夜前仆後繼跑去墓場裡求，這些都是發生過的事情，絕不是誇張。自此之後，舉凡買股票、買彩券……只要跟博弈沾得上邊的，都有人深信明牌、樂此不疲。

你應該知道的是，很多所謂的明牌，其實是主力大戶刻意放出的消息，目的是引誘人來幫忙拉抬股價，他才能趁勢出脫手中的持股。正所謂：萬般拉抬只為出。你不過只是他利用的一枚棋子。

「阿不拉」報明牌的慘痛往事

我記得淡如在節目裡聊過七〇年代股市四大天王，四大天王之一的「阿不拉」游淮銀就有一些「報明牌」的故事。

這位傳奇人物曾經喊水會結凍，在那個沒有電子下單、也沒有網路的年代，他要炒作哪一支股票簡直易如反掌。有一次他回到彰化老家，被鄉親們包圍，大家知道他翻雲覆雨的炒股能力，紛紛要他報一支明牌來跟，他拗不過眾人要求，就報了一支股票，也就是「農林」，而且他還寫了一個數字500。

眾鄉親如獲至寶，還把這紙條拿進祠堂供奉在祖先牌位前，以示阿不拉的誠意。當時農林的股價是200元出頭（現在股價大約是23元左右），大家想著若能拉抬到500，那簡直就是翻倍了，於是紛紛搶進。

當時可能籌碼都被鎖住了，每天都是漲停鎖死，大家連想買也買不到。阿不拉會在盤中開放個十分鐘讓漲停打開，釋出一些股票讓大家搶，搶到算你運氣好，然後再鎖

死。

　　就這樣，這支股票一路從200衝高到388元的歷史高點，然後就此一路下滑。對阿不拉暗示股價會漲到500元這件事，有一群散戶仍不死心地繼續抱著幻想，不是加碼就是捨不得賣。無奈大江東去不復返，股價從三位數跌到剩二位數，甚至一度跌到只剩票面價10元。如果一路死抱著不放的人，恐怕是欲哭無淚了吧？

　　對於愛聽明牌來買股票的投資人，這應該是很值得引以為鑑的一則故事，如果你聽得進去的話。

　　說來說去，大家求明牌也就是一種貪婪的表現，就是自己不想動腦筋，只想以一種不勞而獲的方式來賺取快速的財富。其實，財要靠自己理，聽明牌還是等於把錢的命運交給了別人，決定權不在自己的手上，賠錢也只能怨自己。

　　時至今日，還是有許多人非常相信明牌，很愛聽股票台一些投顧老師天花亂墜的說詞。你會發現他們的台詞都很類似，只要漲的都是他們買的，跌的都是他們早已出掉的，慷慨激昂地訓斥你為何還不跟隨他的腳步，才能成為

賺錢的贏家。

　　每次聽到這樣的說詞我都覺得想笑，如果他這麼厲害，每買必賺，那他自己賺就可以了，何必在那邊浪費口水只為了招收幾萬塊會費的會員？有這麼神乎其技的印鈔術應該每天忙著數鈔票都來不及了，哪還需要拋頭露面，講得口沫橫飛？

　　你覺得巴菲特需要出來招收會員報明牌嗎？請不要告訴我，答案告訴自己就好。

13

別當最後一隻
追高的老鼠

有一句警語說：十次車禍九次快。明白揭示了開快車就容易肇事。其實，投資也是相同的道理，你太想快速致富，就容易翻船招致虧損。

請先用「七二法則」檢查飆股

什麼叫太想快速致富？就是你期待以不合理的速度將資產翻倍，能夠達成那種目標的方式，應該只能靠中樂透（我說的是合法管道，非法的不在討論範圍）。但是，很多求富心切的人，往往只聽他們想聽的迷幻數字，而不去思考背後的合理性，所以也就一再地落入詐騙集團的圈套裡。

當投資理財課程成為顯學之後，很多名人紛紛成為詐騙集團拿來釣魚的招牌，假冒這些名人的身分，告訴你只要加入了群組，就可以報明牌給你，讓你搭上飆股的列車，立即達成財富翻倍。

這招一出，果然很多人買單。

不細察很難分辨這些臉書帳號的真偽固然是情有可原，但如果你的腦筋夠清楚，其實就不該這麼輕易地相信他們的話術。首先，他們強調讓你免費加入老師群組，這就非常奇怪了，任何知識都有對價關係，要提供你賺錢的情報，怎麼可能是免費的？他如果這麼佛心，應該去經營慈善事業，救濟世上千千萬萬的窮苦人家，功德豈不更大？

再者，如果他能提供你財富翻倍的飆股，他自己卯起來大買特買不是更美妙？要是我能掌握這樣的好康訊息，我幹嘛跟別人分享，獨賺就好了，還讓別人來分一杯羹？會這麼做顯然都是已把陷阱設好了，等著你跳進去之後，他再把手上的持股全都倒給受害人，讓你成為最後一隻追高的老鼠，然後他就鬧失蹤。

接下來要說的第三點，可能要運用一下你的算術能

力。我們解釋過什麼是「七二法則」，就是只要知道這項投資的年化報酬率，用72來除以它，就可以知道需要幾年來達成翻倍的結果。舉例來說，某項投資商品的年報酬率是6％，那你投入的金額要翻倍就需要72／6＝12（年）。換句話說，如果你的投資想在兩年的時間就翻倍，那這個商品的年報酬率就要是72／2＝36（％）！請你想一想，現在有哪一種投資商品可以有36％的年化報酬率？相當於一個月要賺3％。

高獲利總是伴隨高風險

你或許會說：這應該不難吧？股票一支漲停板就10％了呀。問題是誰家股票天天過年，這樣的漲法必然已經有人鎖住籌碼，引誘散戶追逐，等到哪一天你追到了，恐怕就是歷史高點。

我們常聽到這句話：高獲利總是伴隨著高風險。而不合理的利率就一定是詐騙！股市裡人人都想賺取高額資本利得（價差），但錢從哪裡來？也還是從自己的口袋裡堆

疊上去的，天下沒有白吃的午餐，當你貪圖那超乎常理的獲利時，人家覬覦的是你付出的本金，你自以為嘗到了甜頭，卻是一步步成為待宰的羔羊！

正確的理財觀一定是按部就班的，想要一步登天的人就像開快車，或許剛開始真有一種飆速的快感，但危險也就步步迫近。如果你使用正確的方法，初期的累積可能稍微慢一些，但越後面越能顯示出他的力道，你根本不必急於一時。如果你太急於致富而不斷走險路，那你可能九次賺到的都不夠那一次的大翻車，一次就讓你財富歸零。

重點是，已經很多名人都出來大聲疾呼，請大家不要相信這些詐騙集團的冒名伎倆，為什麼還是後繼有人不斷上當？這恐怕已不是智商高低的問題，而是你故意去忽略善意的警告，只選擇相信煽動性的迷人數字。這樣的心態更可怕，因為你連理性的判斷都沒有，顯然盲目。

利令智昏、財迷心竅，好好更新自己大腦中的思緒，不要等到上當之後才喊冤，可能得不到任何憐憫。

14

挺住股市起伏靠紀律

　　每次股市只要進入牛市（多頭市場），就會創造出一群少年股神，述說自己如何以小成本賺到千萬元，不但出書還四處演講，彷彿一段神話。但只要進入熊市，這些人物就如同寒蟬一般，突然失去了聲響，英勇事蹟無人再提。

無論行情高低，你是否都能安心守住？

　　豬在風口也會飛，是一句調侃人的話。如果只是因為時勢而造就了高收益，當然也很容易在市場反轉向下時被打回原形，尤其是如果他還開了很大的槓桿，賺錢的時候很驚人，賠錢的時候可能會死人。

所以投資的時候，千萬不能只想著行情好的榮景，而是要不管行情的高與低，你都要能夠安心的留在市場裡。如果你擅長技術分析，懂得波段操作，可以準確抓出高低點，那非常恭喜你，這是神級人物，但我相信絕大多數的投資人並沒有這樣的超能力。如果只是在多頭市場人人都能賺錢的行情裡有了不錯的獲利，就認為自己絕頂聰明，一定能打敗大盤，那也可能很快就遭到修理。

　　我有一個朋友在年輕的時候（未滿40歲的現在看來真的都算年輕），就是因為押對了幾次行情小賺了一筆，就讓他信心大增，自認為已經參透漲跌奧秘，於是放膽融資，準備大賺一票。當時正趕上2008年金融海嘯前的一波榮景，他真心以為自己是股神，不但買股票，還操作期貨，把槓桿開到最大。結果才跨個年，股市如雪崩般下墜，他根本無力招架，所有融資買的股票通通遭斷頭，期貨的損失更是嚇人，不但之前賺的錢全數回吐，後來還被迫賣掉房子還債。

　　他為此暴瘦了十公斤，整個人形同枯槁，家庭也差點破碎，只能靠安眠藥入睡。一次的股災就讓他從股市畢

業，也差點要唱人生的驪歌，但他的遭遇絕非空前，也不絕後，這樣的案例不少，每幾年就會聽到一次。

能笑到最後，才是真正的贏家

問題出在哪？可不可以預防？

太多的人容易自我膨脹，其實牛市的時候最容易看見，賺了錢就不可一世，就以為從此一帆風順，但退潮的時候才會知道誰沒穿褲子不是嗎？黑天鵝總會來，在你沒有提防的時候突襲，所以永遠都要保持戒心，也永遠都要設下安全防線。

理財需要紀律，而投資是要量力而為。在投資之前，一定要預留可以支應生活所需的一筆錢，有人說一年，有人說一年半，這是為了突如其來的巨變不致影響到你的日常，能有餘裕才拿來投資。這樣即使發生大股災，你也能夠穩住心情。

此外，切記不要任意擴張自己的信用來買賣股票，可以細水長流的就別妄想一夕致富，那是賭徒心態，不叫投

資。尤其忌諱操作槓桿型的金融商品，它的損益速度都是放大的，承受不起風險的人不要輕易嘗試，否則傾家蕩產也不夠你賠。

要想在投資市場裡長長久久，最好的方式還是長期而穩定的參與人類經濟活動的成長，而不是短進短出不斷地增加自己的交易成本。以標普500指數做例子，過去數十年來每年平均的增長幅度是15％，如果你就穩穩地買入與標普500連動的基金或ETF，就算中間會經歷幾次的股市動盪，最終也絕對是獲利可觀的。

但多數的人往往不信邪，偏認為自己比較會操作，喜歡玩衝浪，結果明明指數漲了那麼多，他卻到頭來還是一場空。

英文裡有一句俗諺：Less is more, slow is fast. 其實用在投資領域裡也一樣實際。你少量慢慢地投進去，反而最後是越快速地累積到可觀的報酬；越是心急，越是貪多嚼不爛、吃緊弄破碗。少年股神沒什麼了不起，要能笑到最後才是真正的贏家，否則離開了風口的豬可是會摔成肉泥的。

15

退休金該準備多少才夠？

　　我和淡如曾在節目裡討論過許多次「如何才能好好退休」這個話題，每一次都獲得很大的迴響。

　　由於知道大家對於如何儲備好退休金十分關注，淡如常會搜羅相關資訊，有一集她引用《遠見》雜誌的一篇調查報告，探討大家對需要準備多少退休金才能安心？據調查結果顯示：8.8％的人認為不到500萬就可以退休，22.3％需要1,000萬，21.2％需要1,500萬，15.3％需要2,000萬，8.3％認為2,500萬才夠，而13.7％要超過2,500萬。

　　數字落差之大，非常耐人尋味。淡如認為那些覺得500萬以內就夠的人，很可能是已經有了自有宅，少了住屋的壓力，才會覺得不需這麼多現金。但回過頭仔細想一

想，這樣的數字真的夠用嗎？

通膨和身體健康狀況不能忽略

夠不夠當然跟大家設定的每日的開銷有很大的關係，我們不妨來好好計算一下。

如果你設定想在60歲退休，以現在的國民平均壽命可以活到80歲來看，你在退休之後至少還有20年要活，這時你就該問自己，每個月想過的生活水準大概在哪裡？如果你退休之前每個月的平均花費（包括食衣住行育樂及各項雜支）落在5萬元左右，那一年就需60萬元，20年就要1,200萬元才夠用。這只是個粗估的數字，並沒有把每一年的通膨率及可能有的臨時緊急支出算進去。

現在你覺得5萬元可以滿足的生活水準，20年後是鐵定不夠用的，我們可以回想20年前的物價跟現在的物價就能得知。還有一件很重要的事情需要考慮，那就是身體健康狀況；當年紀慢慢老去，健康勢必走下坡，所以很可能增加的是醫療的支出及長照費用。可別天真的以為光靠

健保就足以應付，那還要看生的是什麼病，健保有沒有給付？

當年淡如的母親被確診是肺腺癌四期，醫生說有標靶藥物可用，但健保不給付，國產的一年500萬，美國製的一年1,000萬！這還不包括她將母親送到國外做的基因療法花了800萬。如果是你，要不要治療？如果要，這筆花費當然也必須預先有準備才行。

所以前面估算出來的1,200萬真的夠嗎？答案我想大家心裡有數。

準備退休金越早開始越好

可怕的是，有63.3％的人的養老資金主要來源仰賴退休年金制度，但其實這筆錢可能還不到你退休前月薪的六成，如果不想勒緊褲帶過退休生活，除非你有足夠的存款，不然就要考慮退而不休，**繼續找有收入的工作來補貼**生活金。

以日本為例，現在政府已經鼓勵大家將退休年齡盡

量往後延，因為他們的平均壽命已經超過80歲，女性甚至來到87歲，如果太早退休，不但對整體財政造成極大負擔，其實也是人力資源的一大浪費。這是殷鑑，我們的高齡化社會離日本不遠，這勢必也將是我們需要參考的做法。

這項調查裡還有一個值得深思的問題：有63.2％的民眾想在50歲之後創業或轉職，其中想創業的比轉職的還多。這個想法可能要審慎思考，創業未必都能成功，如果無法成功，還把之前存的錢都賠進去，以50歲的年紀想要再為自己存夠退休老本，恐怕難上加難。而想轉職的人如果沒有在年輕的時候投資自己，培養自己的第二甚至第三專長，此時要談轉職恐怕也是空想。

無論如何，要準備好退休金都是越早開始越好，只要人生坡道夠長，選對理財工具，絕對可以讓自己舒服地安享晚年。

16

看清綠色通膨的
隱形成本

　　對於後疫情時代，很多專家學者對經濟情勢有諸多見解，大家都在講通膨，而通膨也早就降臨。但除了大家常掛在嘴邊的通膨，其實還有另一種「綠色通膨」也正逐漸被重視，甚至會成為未來的焦點問題。

　　什麼是綠色通膨？指的是為了對抗全球暖化，各國開始極力推動節能減碳、碳中和等計畫，使得一些因應綠色經濟的產業（風力發電、太陽能、電動車）成為重頭戲而推高了某些原物料及金屬的價格。因為這是未來的**趨勢**，所以有人說綠色通膨將是最新，卻也可能是最長久的經濟影響因素。

　　近來關於ESG的相關概念投資很夯，你知道什麼是ESG嗎？ E代表Environmental環境的，S代表Social社會

的，G代表Governance公司治理，它是一種衡量企業經營的指標，越重視ESG概念的企業，除了擁有透明的財報，也包含穩定、低風險的營運模式，長久的表現也會相對穩健。但是這樣的企業相對要花的成本也更高，他們不再仰賴舊能源，也就是會產生高汙染的石化能源，轉而採用低汙染更環保的綠色能源。

這使得越來越多業者投入「以農養綠」的行列。什麼是以農養綠？就是把傳統上我們用來食用、製糖、製作飼料用的一些農作物，像玉米、大豆、甘蔗等，拿去製成一些生質能源或燃料，以謀取更高的經濟價值。但這樣做會壓縮到原本用來當作食物或飼料的量能，因為耕作面積就那麼多，勢必無法再有更多的產量。

這會導致什麼後果呢？第一是我們會面臨食物短缺，農作物不夠人吃。第二就是這些原物料價格會不斷上漲，物以稀為貴。

通膨的影響比我們以為得更嚴重

其實這不是預測，已是硬生生面臨的事實。從2021年到2022年，國際糖價已飆漲了50％，其他作物也不遑多讓，據聯合國統計，現在全球食品成本已升至十年來的最高點。可怕的是，這樣的狀況只會越來越嚴重。尤其當區域戰爭開打，對國際原物料的價格只有雪上加霜。

如果你以為影響只有這樣，那就大錯特錯，這波綠色通膨涵蓋的層面之廣，超乎想像。很多國家已著手開徵碳關稅，對生產過程中會排放較多碳的進口商品，加徵更高的關稅。而冬季沒有暖氣系統就活不下去的國度，也可能為了要達到碳中和的目標必須將原有的燃煤或燃氣的供暖鍋爐改成更環保更昂貴的系統，這些成本的增加，必然不會由企業或政府自行吸收，到頭來還是轉嫁到消費者的身上，你我的荷包只會越來越瘦。

這些都是代價，是這麼多年來人類不斷製造汙染惡化這個地球必須付出的代價。地球氣候已經產生丕變，臭氧層的破洞、二氧化碳造成的溫室效應、土壤河流的汙

染⋯⋯在在都揭示著我們的環境越來越糟，如果不開始拯救，你的下一代、下下一代只會越來越難生活，為了子孫萬代還能好好生活，這些代價，你不能不付。

如果所有的影響都指向高物價，但你的實質收入並未跟著成長，要嘛你就勒緊褲帶過著安貧樂道的生活，要嘛你就想辦法增加自己的財富來對抗通膨。這是選擇題，但你面對的不是考卷，是你往後的人生，你必須做出選擇。

增加財富可以靠你的工作本領的強化，要不然就是靠投資理財，如果你夠年輕（我指的是30歲之前），就應該雙項並進；如果你已有年紀，請務必穩穩地理好你的財，然後，把人生的坡道做長，健康顧好，這才是能打敗所有通膨的唯一道路。

17

用定期定額
避開黑天鵝

　　投資雖然重要，但有個先決條件是，你要讓自己睡得著、睡得好。如果你做了投資，卻夜夜輾轉反側，緊張到難以成眠，那已經違反了投資是要讓你的生活過得更好的原則，你應該停止這樣的投資。

機關算盡，你真的賺到嗎？

　　《致富心態》這本書裡講過一個有趣的故事：三個投資人，A是每個月投入一美金到股市裡，持續不斷，不管熊市或牛市。B一樣每個月投資一美金，但當進入熊市時他就先停利出場，等股市反轉向上時才又重新回到股市按月投資。C則是在股市上揚時每個月投入一美金，當股市

下跌六個月後停損出場，等股市反轉向上六個月後又重新投入股市。

假設這三位都從1900年活到2019年，你猜猜看這三位分別可以結存多少錢？答案是：A可存下43萬多美金，B可存下25萬多美金，C則是23萬多元。

看出來了嗎？自以為聰明在股市裡想拚命避險高出低進殺進殺出的人，到頭來還是敵不過傻傻地定期定額投資法。因為在這長達1,428個月當中，真正陷於熊市的時間不過300多個月，其餘的1,000多個月股市都處於逐步上揚的態勢，你根本不必斤斤計較於一定要避開每一次的黑天鵝或黑犀牛。只要你投資的是一個穩健不會倒的標的（例如有口碑的ETF），短期的震盪根本不是你應該擔憂的事，只要確定這筆投資的錢是不會影響你日常生活的資金，你就不要去管過程中的高低起伏或驚濤駭浪。

說個比較近的例子，2020年新冠肺炎爆發沒多久，全球股市一片哀嚎，美股因此熔斷了許多次，只要有進出股市的人，一定都印象深刻。沒經歷過風浪的投資人恐怕認為世界末日就要降臨，股市鐵定一蹶不振，翻身遙遙無

期。結果呢？從跌下來的低點重返下跌前的高點只花了不到半年，之後還一路創新高。

也就是說，如果你在那一波的股市重挫中選擇停損出場並且不再參與投資，你的損失是非常巨大的。如果你選擇繼續定期定額地買入穩定配息的ETF，那半年之後你非但沒有任何損失，可能還小小賺了一筆。

真正的投資法要靠自己穩定拾級而上

這告訴我們：機關算盡太聰明，有時候自以為的聰明不是真聰明，反讓你蒙受虧損！

也有的人認為，既然我不夠聰明，那乖乖地投資別人介紹我的高報酬率商品總可以了吧？沒想到，卻又不幸掉進詐騙圈套裡。為什麼會這樣？歸根結底還是要回到心理層面。

《致富心態》這本書就告訴你：建立屬於自己的滿足感，不要因為無盡追逐的貪得無厭，讓自己陷入險境。由馬多夫（Bernie Madoff）主謀的美國史上最大「龐氏騙

局」，就是個最好的例子，詐騙者會用高於市場平均利率許多倍的利息來引誘你，實則是拿後面參與者的本金來支付給你，剛開始或許你確實能拿得到豐厚利息，但等到過了一段時間，後面再沒有新的受害者進來，這個騙局自然就如破滅的肥皂泡，什麼都拿不回來。

太多人追逐的投資心法是一夜致富的神話故事，這種事情不是沒有，但可能比被雷打中的機會還要低，就是像在自家後院挖到石油或金礦那一類的際遇。這並非夢想，而是幻想。真正的投資法則是你逐步而行，以穩定的步伐走穩定的階梯，拾級而上，只有這樣持續地走，你才能真的走上頂樓。

還有，別忘了站上頂樓是為了眺望美景，如果你的人生只是永遠的為爬樓梯而活，那也將失去了投資的意義。

創造被動收入的富思維

★ 生涯規畫要看長遠。如果你只是一直坐著抱怨薪水太低卻不思改變，那就怨不了別人。不如好好思考：你是否有設法先投資自己、培養專長？

★ 養成每一筆消費都能如實記載下來的習慣，別讓錢在無形中漏出去。

★ 人生處處有危機，而你只能盡量避凶趨吉。與家人之間的金流要設下適當的防火牆，維持好的生活習慣，照顧好健康。

★ 聰明的人會把視野打開，看看在整個工作環境裡，自己能做到的最大配合與貢獻是什麼？這樣必然能夠讓最終呈現出來的效果加分，也會學到如何省時省力。

★ 理財需要紀律，而投資是要量力而為。

★ 年輕就是本錢，能省則省絕對是你累積財富雪球的起點，早點開始理財，才能早日存到第一桶金。

★ 人多的地方不要去，是避免被當韭菜割的重要守則。

★ 投資不能只想著行情好的榮景，貪多嚼不爛，能笑到最後才是真正的贏家。

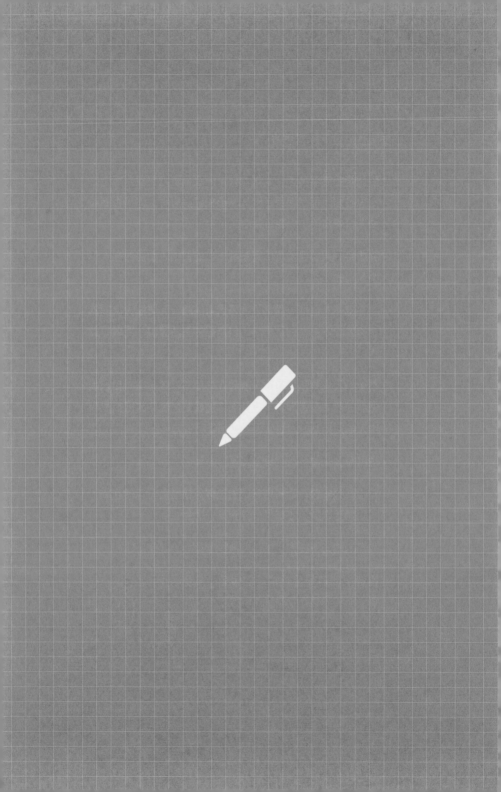

PART 2

理 財

善用能為自己加薪的
理財工具

$

18

投資歸投資，
保險歸保險

　　2004年，我買了一張投資型保單，一直到2020年我終於因為聽了人生實用商學院Podcast，而如醍醐灌頂般地決定把這張保單解掉。統計下來，這16年我總共繳了214萬，而解約拿回的金額是220萬，也就是說，這16年下來，我只獲利6萬元，換算起來，每年只領了不到4千元。

不是每張保單你都需要

　　這個案例被淡如取笑許多次，她說如果把這筆錢穩穩投進投報率5％的ETF，依據七二法則的複利計算，16年下來我應該可以累積到350萬！ 350萬跟220萬一比，高

下立判。

不過淡如也跟我說，我能有正報酬已經算不錯，至少沒有蒙受虧損。

很多人跟我一樣，在不太清楚理財概念時，只聽了保險經紀天花亂墜的話術，就貿然把錢投了進去。其實你繳的費用，在扣除保費及必要成本之後，真正用於投資基金的部分，你真的了解有多少嗎？有的人以為自己每個月繳的錢都完全用於投資，事實可能未必如此。

其實投資跟保險是兩個很不一樣的概念。投資是透過把錢投入可以幫你獲利的管道裡，讓它孳生出你所想要的報酬，而保險是為了不要讓不測風雲把你賴以維生的金錢收入突然斷絕而預先配置的資金規畫，如果你把這兩者硬要混為一談，就很容易變成四不像，到頭來可能兩邊都讓你失望。

所以重點就歸納成一句話：讓投資的歸投資，保險的歸保險。

在這邊必須強調的是，絕不是否定所有保險的價值，而是你必須清楚你買的每一張保單。保單絕對必須，尤其

是意外險跟防癌險，那是一種以小搏大的概念，雖然我想正常人並不真的想要去領那一筆理賠金，但這筆錢對遭遇不幸的人確實有著極大的幫助。

你可以把它當作是買個心安或是點個平安燈，即使最後是丟進池塘裡，也還是幫到了需要幫助的人，沒什麼不好。至於其他的險種，請一定要量力而為，不要太相信紙面上那些保障所能提供的承諾。舉例來說，像長照險，等你真的有一天（可能是2、30年之後）需要用到的時候，你可能會發現理賠金已經被通膨吃掉一大半，原本以為足夠支應的看護費用，到頭來可能連買一個月份的尿布都不夠。

儲蓄險又是另一個迷思，聽起來好似幫你做儲蓄，細算之下利息根本少的可憐。現在定存利率已經這麼低，保險公司如果承諾高於銀行利率兩倍的報酬，都應該懷疑是不是詐騙。你把辛辛苦苦賺的收入交給保險公司，最後卻只比銀行定存高一點點，萬一不幸掛點，等於是做佛心造福後人，自己根本享用不到，這是何苦來哉？

年輕人的時間成本便宜，更該著眼於報酬率高的投資

工具，而不是想著用這筆錢在方長的來日規避遺產稅，那眼光就太短淺了。選對理財工具，趁人生坡道還長，滾出的利潤絕對比這一池死水還要多出數倍。

前兩年因著疫情之故，防疫險大行其道，淡如跟保險專家劉鳳和大哥倒是非常鼓勵大家投保，因為它其實也帶有意外險的色彩，同樣也是以小搏大的概念，對於不幸確診、可能有一段時間無法工作而影響收入的人來說，不啻是場及時雨。

保險不可無，但非張張適合你，與其像我一樣多年之後夢醒追悔不及，請一定要仔細慎選。如果已經買了不適宜的保單，該解當解，不忍心只會讓你的損失不斷擴大，全都歸入沉沒成本。

19

投資高利率貨幣，要注意匯損

　　有些定存利率很高的貨幣，也會吸引一些投資人注意，但高收益總是伴隨著高風險，就像南非幣，對台灣人來說，它真是個讓人又愛又怕的貨幣。你知道嗎？除了南非人自己，全世界持有最多南非幣的國家是哪裡？

　　答案就是台灣。可見台灣人有多愛投資南非幣，國人持有南非幣的總量（包括實體貨幣、基金、債券、保單）可能足以影響南非經濟。

南非幣的甜蜜誘惑

為什麼有這麼多人喜歡投資南非幣，主要原因之一就是相中了它的高利息，在2008年金融海嘯之前，南非的定存利息曾經高達6~7％，比我們高出許多，所以吸引了很多人換匯存定存，而且當初的匯率也很高，大約一美金可換8南非幣。

但這還不是南非幣最值錢的時候，聽說早期的南非幣非常值錢，曾有一美金兌換2南非幣的輝煌時代，但是金融海嘯爆發以後，南非幣就像自由落體般下墜（當然跟他們政局不是太穩定也有關），到了2020年疫情大爆發的時候，南非幣已經貶到一美金兌換19南非幣的慘況。

你想想，如果你是在1比8的時候換的匯，跌到1比19時，你的損失會是多少？將近六成！前幾年因疫情之故，南非幣的定存利率起起伏伏，這兩年拜全球升息之故，利率又升到5％以上。如果你從金融海嘯前持有到現在，賺到的利息恐怕早已被匯損吃掉，能夠不賠已經算是萬幸，若換在更高價位的人，現在應該心在淌血。

再細算一下，你損失的可能還不止於此，這十幾年下來的時間成本與通貨膨脹你還沒算進去。如果在當時你將同樣的錢投入高配息的ETF，以年化報酬率6％的複利來計算，只要12年（依照七二法則：72除以6等於12），這筆錢就可以翻倍，投報率高達100％，兩相比較之下，差異有多大你可以想見。

淡如以她的實戰經驗來分析，她認為要投資這種高利率的貨幣你要先考量幾個因素：

1. 這個國家的政局是否穩定。在亂邦中求利的風險實在太大，除非你有過人的膽識跟超強的心臟，否則其實不必進去坐雲霄飛車。

2. 你的利息收入會不會被匯損侵蝕。如果利息高，但該貨幣的幣值長期處於看貶的劣勢，那這絕對屬於國家級的龐氏騙局，他們以高利率誘惑你，其實是要吞噬你的本金。

3. 時間成本與通貨膨脹也要算進去。有人長抱了10年，才賺了20％，表面上看起來是有賺還感覺很開心，但仔細一算，年化報酬率才2％，連通膨都蓋不過，其實

是白忙一場。

風險太高，就失去投資的意義

現在南非幣已經開始進入升息循環，財經專家推測，利率可能會由谷底一路攀升至6％，而升息往往也容易帶動升值（雖然幅度未必相同），但對持有大量南非幣的人來說，目前顯然還不是出掉的最佳時機，可以等它的利率與匯率都升到較好的水位，再逐步出脫。

總的來說，南非幣已經很難再回到往日高匯率的榮景，如果當初換匯的價位很高（比如1比8），真的不要抱持會回到當時價位的不切實際幻想，除非你認為他們還會再找到幾座金山或鑽石山，否則該出的時候還是出掉會好一些。錢是該往聰明的地方去，而不是抱上抱下。

重點是，投資這種高風險的貨幣常讓人睡得不安穩，它的幣值往往波動劇烈。好的投資應該要讓你安心，你要能吃得下睡得著，而不是每天提心吊膽、狂悲狂喜，這已失去投資理財的意義，何不找一個相對安穩的標的，讓自

己不用太花腦筋也能逐步累積財富？一直讓情緒影響日常生活，這已經失去投資的意義。

20

美股重挫時，
持續買進

在2023年5月底的時候，美國再次聲稱，他們的稅收已經快要無法負擔所欠下的國債應付出的利息了，消息一出，美股應聲重挫，全球股市也跟著經歷了一場重感冒。

美國原先設下的舉債上限是31.4兆美金，為了解除違約的危機（如果稅收不夠付債務利息，各級政府很可能就要斷炊了），兩黨只好協商，同意讓舉債上限再往上調升至32.9兆。驚險過關之後，股市就又立刻彈回之前水位。

升息勢必加劇通膨

他們的舉債上限屢屢上調，現在早已超過GDP的140％，這是個史無前例的數字，債務不斷增加，光是利

息就快把稅收吃光，哪裡還有餘力去從事建設？越借越多，再用印鈔票的方式來還債，通貨膨脹當然是隨之而來的可怕惡夢。

用一個簡單的例子來說明，你比較容易懂。假設你經營一家公司，年營收是100萬，但淨利只有10％，也就是10萬，但是你的貸款是30萬，雖然不必急著還本金，也還是得按時繳息，這樣的收支狀況還能讓你勉強留下一些生活所需的費用；但如果你突然因為擴充設備又去多貸了一些錢，而你的淨收入還是沒有增加，很可能連貸款利息都付不出來，你要如何生活下去？

這是個惡性循環，而且在可預見的未來，狀況恐怕不容易改善。反觀新加坡，他們的國債只占GDP的30幾％，國家規定國債中必須提撥一定的百分比去從事投資，所賺來的錢再回饋給國民。所以他們的GDP有相當比例來自國家的投資所得，根本不必擔心會還不出債務利息，這才是一個健康的財務結構，而不是把人民當成提款機。

很多國家為了應付嚴峻的通膨問題，紛紛跟上升息腳步，巴西、土耳其、南非、韓國……一個個走上高息之路，

我們呢？你是否想過我們會不會也步上這排升息列車，以解決日益高漲的通膨現象？

　　人生實用商學院的節目曾談到，台灣要大幅升息的可能性真的不高，至少目前的狀況不太允許，為什麼？因為台灣是個以出口為導向的國家，很多國際知名的大公司靠的是賺取外匯維生，如果我們貿然升息，將使台幣更加速升值，這對以外銷為主的廠商會造成很大的匯兌損失，壓縮獲利，並造成股市的動盪，間接讓一些貸款戶的負擔加重。縱觀這些影響，央行就算必須跟國際接軌而不得不升息，腳步一定得放慢，幅度也一定不會多。

即使黑天鵝到來，還是要維持自己的步調

　　而美國的債務一旦違約，會有什麼嚴重後果？第一，數百萬人的社會保障立刻中斷，醫療補助也沒了，等於宣判低收入戶自生自滅。第二，公務人員跟軍警的薪餉發不出來，社會將發生嚴重動亂。第三，800萬個工作機會人間蒸發，失業率逼近10％。第四，美股將重挫達45％，

以道瓊指數目前約40,000點的數字來算，會跌掉18,000點！

美股大跌，全球股市豈有安全脫身之理，我們一定也難置身事外，這就是我們為什麼不能不關注這個議題的理由。整個地球已是一個生命共同體，任何一個大經濟體出問題，大家都蒙受其害。幾年前歐洲不也有好幾個國家發生過歐債危機？當時也是全球股災、一片哀嚎。

不過話雖如此，這些都不該成為阻礙你繼續理財的障礙，定期定額的投資者，反而應該高興看到這隻巨大黑天鵝的到來，因為你可以買到更便宜的好股票（前提是你要有餘錢可以加碼），這或許是另一次財富重分配的好時機。

你要相信，這些經濟的危機終歸只是一時，聰明的人類總是可以想辦法克服，這些波動也絕對只是經濟成長中的短暫插曲，不足掛懷，你要做的只是按照自己的步調，自律向前。

21

成為在股市賺錢的20%

為什麼有人在股市裡永遠賺不到錢呢？

這個問題相信很多人都想知道。因為根據統計，參與股市的人，80％都賠錢，只有20％真的有賺錢，賺錢的機率遠比擲筊得聖筊還低得多。

追高殺低的心理，很難在股市獲利

賺錢與否，就算無法完全歸因於是否做足功課，但也絕不可能全憑運氣。尤其如果你是屬於短進短出、急進急出的那一群，賠錢的機率絕對會比較高。

如果你讀過《致富心態》就知道，全世界的經濟發展曲線從長遠看起來，是一條逐漸往上爬的波動線。短期

來看，它或許會有一些波折迂迴，但若從長期來看，趨勢就是不斷向上。也就是說，如果你選擇的是質優的股票或ETF，根本毋須擔憂短期的漲跌，因為你要賺的，是伴隨整體經濟成長逐步往上的大波段。

不必說太遠，就以2000年網路泡沫化到2024年5月來說，台北股市從最低3,446點左右漲到最高21,500多點，而中間當然經歷過數十次甚至上百次的「劇烈震盪」，但你如果願意慢慢買進一路守到現在，就算趕不上大盤的漲幅六倍多，也應該有個三、四倍跑不掉，換算年化報酬率就是15~20％，只要保持理性來進出，照理應該不可能賠錢才對。

但你信不信，即使股市漲了這麼多，賠錢的人還是一拖拉庫，為什麼？因為散戶總是在追高殺低中浴血奮戰。舉例來說，台積電在漲到台幣600多元時，有一堆人勇敢跳進去買，但在跌到500多的時候，許多人像是逃難似的認賠殺出。為何在600多塊的時候你認為它會一路漲到800塊，不追就會來不及？而跌到500多時，你卻又擔心將跌回400塊，不殺會賠更多？如果永遠以這樣的心態在

投資股市，會賺錢我只能說是奇蹟，噢不，是神蹟。

投資不能靠抄底

還記得2021年5月12日那天，股市盤中大跌1,400多點的那段歷史嗎？這個跌點創下史上第一，雖然最後尾盤有拉上來，收跌680點，但大家可以想像一下，當天股民該有多恐慌，爭先恐後殺出，根本像在跳崖。

為何那一天我記得如此清楚？因為當天我跟淡如約了一點半要錄音，當我走進錄音室時，她跟我說了一句：「先等我一下，我要跟我的營業員下單。」

只見她從容地撥了手機，跟她的營業員下了一串指令，因為當時就要收盤，為了確保成交，她全以漲停價掛單買進。就這樣，我親眼見證她當天買進的股票後來全都有頗豐的獲利。而她的原則也很簡單：人棄我取。當別人恐懼的時候，通常會是可以撿便宜的大好時機。其實她買的時間點，並不是盤中跌點最多的時候，因為當時她正在主持現場廣播節目無法下單。

但這就是人生，你永遠不該期望自己要買在最低點，只要是相對低點，就是很好的事。而且誰能保證隔天不會再跌？

淡如當時告訴我，她的想法就是分批進場，隔天如果再跌，她就再加碼，永遠不要抱著一次 all in 那種賭一票的想法，這才是長期致勝的標準做法。

當天她把她的操作 po 上臉書，沒想到引來一些酸民的攻訐，不懷好意的酸民貼了一些準備看她賭上身家、慘賠收場等嘲諷言論。沒想到才不到一週，股市馬上就大漲回來。

剛好一週後我們又在錄音室碰頭，看到留言一面倒的恭喜她，還有人說下一次若要撿便宜要記得通知大家，讓她啼笑皆非。

投資靠的不是勇氣與運氣，而是有沒有一顆穩定、自律的心，如果不能戒除搶進搶出、任意擴張信用、放大槓桿的惡習，我會建議還是不要輕易踏進股市。

22

黃金沒有你想的
那麼好抱

　　每每國際發生重大戰事，就會有人搶著買黃金，然後就會有不少聽眾搶著問：「哪國和哪國開戰了，現在應該買黃金保值嗎？」

局勢動盪時買黃金，有多少人賺到？

　　如果你只因為戰事就要買黃金，那你很可能沒想到的是：

一、戰事可能不會持續很久，當某天戰事結束，金價再度
　　下跌，你未必真能賺到什麼錢。

二、買實體黃金並不會孳息，你擺得再久也只能期待靠價
　　差博利潤，萬一金價落入長期熊市或一直不動如山，

你的資產將如一灘死水無法增值。

三、當各國已揚棄金本位制度後，黃金不再是支撐匯率的唯一因素，要靠黃金來對抗通貨膨脹，其實效果有限。

話說在我還很小的時候，因為國家遭逢幾次動盪，像退出聯合國、中東石油危機、蔣介石過世……甚至後來的波斯灣戰爭、1995年閏八月台海危機、香港澳門的回歸，都曾引發大家一陣搶購黃金的熱潮，我記得我媽應該也買過。

但若回頭重新檢視，有人真的因此發了大財嗎？恐怕少之又少，因為所有的危機都會過去，而你的黃金若不是買在很低的價格，又沒有出脫在相對高點，很可能就是抱上又抱下，到頭來白忙一場。

而且你買了黃金要放在哪兒呢？放在家裡怕被偷，亂藏的話很可能到老自己都忘了藏在哪，在子孫也不清楚的狀況下被當垃圾丟掉。放銀行保管箱則又要多付銀行一筆保管成本，東扣西扣其實年化報酬率還不如買一檔好的ETF。

金飾保值有限，不宜過度追逐

老一輩的人（尤其是有經歷過戰爭洗禮的），特別鍾愛黃金，這可能跟當時的時代背景有關係。逃難時，黃金比鈔票有用，但你拿著一整條的黃金，應該也不是好的交易工具，只怕會被當肥羊狠宰。很多情節其實是自己腦補出來的，當時代走到現在，有些舊思維真的已經不再適用。

如果你是為了資產的配置，非要買一些黃金作為**避險**用途，當然也不是不可以，但比例真的不宜過高，10％就很多了，這是對薄有資產的人來說。如果你是小資族，還在為第一桶金努力打拚的年輕人，請你不要考慮黃金，它絕不是你（至少是現在）最佳的理財工具，除非你天天期待著世界大戰開打，且一打打個三五年。

還有人誤以為那買黃金存摺應該就有利息了吧？請你不要想太多，雖然聽起來有存摺二字，也是由銀行發給你，但真的跟一般存款存摺不同，它是完全沒有利息的。連利息都沒有的東西，就更別提會有什麼複利效應了，請

你一定要搞清楚。

當然，如果你實在對黃金的投資難以割捨，現在也有跟金價指數或金礦公司相關的 ETF 可以選擇，簡單來說就是把實體黃金證券化的衍生性金融商品。但是根據專家的建議，這類商品除非你打算長期持有，否則管理費的支出可能會吃掉獲利，喜歡短進短出的人並不適合。

此外，如果真的要有保值功能，也僅限黃金條塊或由國家發行的金幣，你自己去銀樓買的那些金飾則完全沒有。可能你買的時候貴森森，賣掉的時候價錢只剩六、七折甚至更低，因為那些飾金被加工費灌了很多水，還有純度的問題。所以可別以為長輩幫你買的金項鍊、金鎖片、金戒指會讓你發大財，其實拿到銀樓去變賣的所得絕對比你當時買進的價格低很多。

總而言之，在世界經濟長遠必向上行的趨勢下，要靠黃金來謀取高報酬是個不切實際的想法，讓它當個意象上財富象徵就好，不必真實擁有，更不要過度追逐。

23

從 K 值判斷進場時機

在說這篇的主題之前，我先來解釋一句成語：膠柱鼓瑟。

瑟是古代的一種樂器，它的琴面上有很多撐住琴弦的小木樁叫做柱，作用是調出音調的高低。如果你因為某一首曲子音韻優美，就乾脆把這些木樁全部用黏膠黏死，那麼你以後很可能永遠就只能彈這一首曲子，因為不同的曲子需要調不同的音調，把柱黏死了，其他的曲子就完全走調了。

所以這句成語就是在形容有些不知變通、腦筋僵化，只用一種制式化的標準來做事的人。而我們的教育其實正是這種僵化思考的一大推手，因為考試制度讓大家只重視獨一無二的標準答案，好像脫離了這個標準答案，人們就

無所適從，而且就認定若不是標準答案，那就一定是錯的。

成功經驗不能只是複製貼上

為什麼要談這些？這要從樂活大叔施昇輝的建議說起。大家都知道他一直鼓勵存ETF來當退休基金，尤其以0050跟0056為主，所以很多人就會追著他問：要怎麼買？他的主張其實是鼓勵大家可以閉著眼睛買，不必挑時間，要定期定額也很好，隨便你訂在每個月的哪一天，只要你自己記得就好。而根據我們談過的《致富心態》這本書，也是告訴大家，不要斤斤計較於一定要在多低時買進，只要價格能夠隨著經濟成長曲線一起上揚，長期下來，你就會看到成果。

但樂活大叔發現，即使他這樣講，還是有很多人無所適從，於是他就進一步建議大家一個買賣（特別是0050）的標準：當K值（就是「快速平均值」，也稱「快線」，通常為當日股票收盤價在近期〔多半為9天〕的價格區間

中所處位置的百分比，大多數較具規模的看盤軟體皆可查詢）小於20就買，當K值大於80就賣，這樣就非常明確。因為他認為K值低於20通常是那一個短期裡的低點，而K大於80則是相對的高點。

有人聽他這麼說，就真的傻傻地等那個K值掉下來，但根據以往的經驗，它要真的跌到20以下的機會不太多。我必須說，如果你執著於這樣的絕對值，那你一年很可能買不了3次，這樣對理財來說，根本起不了什麼助益。更何況要是真的跌到20以下，你可能反而不太敢買了，因為你會覺得還有更低的價格。反之，賣點亦然。

在我看來，其實樂活大叔的意思並不是真的非得等到20這個值才進場買。我認為，只要接近20，哪怕是22、25甚至30，也是可以多少買一點的，這樣才比較容易累積到財富。但我們會看到，有些人真的就是死腦筋，非得等到20才願意買，連21都不行。

但是這種K值的變動很快速，就算你當下看到20，如果那個時間點你正好在忙、無法下單，機會也是稍縱即逝。淡如就聊到，有一次她在廣播中正在訪問施大叔時，

盤中剛好大跌，K值居然來到15，但他們兩人都在上現場節目，沒辦法下單。當她隔天趕快進場買，K值已經又彈回30幾了，但事後證實，那也是一個絕佳的買點。

膠柱鼓瑟很可能讓你就此錯失大賺一筆的機會，多麼可惜。

腦袋這麼僵化的人還真不少，很多人以為別人曾經成功過的經驗就可以拿來複製貼上，運用在其他的場合，卻完全沒有考慮到是否合時宜、是不是切實際？就像有的廠商20年前用電話call客曾經創下銷售佳績，以為現在也能如法炮製，結果業績可能剩不到5％；有的店家堅持一定要賺足每個單一商品的利潤，因此提出的降價方案根本無法吸引人，最後只能眼睜睜看著商品過期變成垃圾，連當贈品送人都沒人想要。

如果你的那張琴只能彈出一首優美的曲子，那也或許還有其價值，怕就怕你在上膠時技術還太差，把弦也給黏住了，結果連那首優美的曲子也變了調，而好好的一張琴也就頓時成為了廢物。

理財絕對是一件需要紀律、但也要有彈性的事，再好

的工具來到你的手上，如果你不能活用，只是執著在一個並非關鍵的點上，那就是大材小用，甚至沒有效用。

K 值的參考判讀

K 值 > 80	K 值 < 20
短期相對高點	短期相對低點
可考慮賣出	可考慮買入

※ 請勿執著於絕對值，看到合理的價位出現，就可以出手，當然前提是選擇好的 ETF 或個股。

24

建立自己的理財SOP

很多公安事故的發生都造成好多家庭的破碎,失去的不僅是寶貴的生命,也是大眾對政府的信任,而問題就常常出在沒有落實SOP（Standard Operation Procedure,標準作業程序）。

SOP大家耳熟能詳,也是很多具有規模的企業或政府機關會採行的工作流程,但你會發現:徒法不足以自行。會制定SOP的,不一定能切實執行,這才是造成公安事故一再重演的關鍵因素。

先找出癥結,才能根治問題

我跟淡如在談SOP這個話題時,她舉了一個切身經驗

當例子。她在剛開始經營餐廳時，廁所馬桶常常被異物塞住，有幾次堵塞得太嚴重，還必須把整個馬桶敲掉換新，花了不少冤枉錢。她分析箇中原因後，發現跟社會心理學裡的「破窗效應」（Broken Windows Theory）有很大的關係。

這裡容我先跳出來解釋一下「破窗效應」。在研究中發現，在一個社區當中，如果有一幢屋子的某一扇窗戶被打破了，但遲遲沒有人修復，那要不了多久，其他的窗戶也會跟著被打破，然後被亂丟垃圾、闖空門，甚至被縱火等犯罪行為也可能隨之發生。因此破窗效應常被拿來提醒，當環境中的某種不良現象發生後，如果沒有馬上進行改善或修復，這種不良現象就可能會逐漸擴大而越來越嚴重。

淡如發現，馬桶之所以會塞住，問題經常是因為旁邊的垃圾桶滿了沒人清，於是使用者就把某些不該丟進馬桶的衛生用品都丟了進去。知道問題癥結後，她就建立一套SOP，在廁所門後放一張檢核表，要員工排班每小時都去清一次垃圾桶並確實簽到，還要定時回傳照片給她看，從

此就不再發生馬桶塞住的問題。

由於她的規定很明確，而且要求切實執行，即便後來因淡季來客數減少，有員工反映是否可以減少清垃圾的次數，她都不為所動。因為這樣就會破壞SOP，而一旦傷害了這個制度，同樣的馬桶堵塞問題，就可能會再次重演。

突發狀況也要納入理財SOP才行

在理財的路上，你是否可以幫自己做診斷，然後建立一套解決問題的SOP？而且還能徹底執行？

很多人可能認為自己善於理財規畫，每月分配多少錢繳房貸，多少錢買保險，多少錢買股票基金，多少錢買外幣……講得頭頭是道；但很可能一個突如其來的事件，就把整個規畫打亂了。而且一旦某個項目被迫中斷，其他項目可能也會像骨牌效應一樣接連受影響。結果原先說好的SOP，到後來也就等於沒有，也無法執行。

所以在制定理財的SOP之前，就要思考周全，並且首先應該要注意的就是：要預留一些應變空間，以克服突

發狀況來襲。

如果你在規畫理財時沒有留餘裕，手頭上有多少錢，就全都撒進去，這其實是很危險的。你應該要預留一筆足以支付至少半年到一年的生活費用，這樣當你遇上不可抗力的突發狀況，例如突然被裁員、突然發生意外或生病、小孩念書突然需要一筆錢……才不會措手不及亂了方寸。很多人原本自以為規畫得很完美，一碰到狀況就全亂了套，說好的資金配置變成左支右絀，只能擇其重要者行之，甚至為了籌錢，還必須犧牲掉之前的投資，或被迫賤賣出場。

理財的 SOP 要能順利執行，必須在設想周到的條件下，而且你要有排除萬難也能堅持下去的意志力。有的人一遇上經濟動盪的黑天鵝，就把原本的 SOP 全拋諸腦後，該按時扣款的定期定額投資也停扣了，只怕帳面虧損越來越大。但其實這是違反定期定額投資的風險分攤法則，你等於沒能利用行情下殺時買到成本較低的機會，這樣當日後行情反轉向上時，你的獲利空間就變得有限，這就是意志力不足的人為破壞。

理財是一場馬拉松，如果你很隨興想跑就跑想停就停，當然也可以跑完，只是成績無法列入紀錄。如果你很容易一累就喊卡、跌個跤就不想跑，那也別忙了，注定是無法完賽。若有心想做，就好好做、做徹底，這樣跑到終點時，你才能微笑收割獎牌。

　　標準作業程序絕不是只放在那兒虛應故事就好，只要是有制度的企業或機構一定都有SOP必須依循。但重點是，執行的人到底有沒有認真的把這件事當一回事？還是說是一套，做是一套，便宜行事，反正只要能交差就好？

　　工作與理財，都有需要遵循的SOP，而你，是那個決定這套SOP有沒有價值、能不能走到最後的要角，成功與否，都依你而定。

25

股市下跌，
我就逆向買進

淡如經常在節目中告誡聽眾：「不要買個股。」

因為即使個股再好，還是很可能會在一夕風雲色變，尤其在這個產業轉換快速的時代，如果不思與時俱進的話，沒有什麼企業會永遠存在。放眼全世界，這樣的例子很多，柯達軟片、手機大廠NOKIA都是，在他們的王國崩解之前，都曾是業界的龍頭。

我的ETF存股記事簿

當我開始參與人生實用商學院之後，我增加的就全是ETF了。樂活大叔施昇輝老師給我的影響很深，他一直強調投資不必太複雜，如果你沒有太多時間，不想傷太多腦

筋，其實買ETF是很好的選擇。我也把他的話聽進去了，就開始以做實驗的心態來買，目前持有的ETF有六檔，其中0056是數量最多的，約有200張；00900居次，大約有60張，兩檔都是高股息型的ETF。

其他還包括00878、00929、00888、00885跟00679B等，但張數都不多。其中00885還在虧損狀態，但我還是打算長期持有，因為我相信這是未來極具潛力的標的。至於其他的ETF，目前都是正報酬，而且獲利率都超過20％。

當時我的想法是：如果有一天我不工作了，又想要有一個穩定的被動收入，以高股息ETF平均每年能有6％的殖利率來計算，我若能存下500張0056（在我剛開始買時的價格大概在30元左右），那每年的配息就會有90萬元，這樣每個月能支配的金額就是7萬5千元，這對一個沒有收入的退休族來說，應該是可以過得很舒服的數字。所以，我就把存下500張0056當成前期目標。

剛開始存沒多久，就遇上疫情大爆發，如果大家還有印象，美股曾經在盤中熔斷過好幾次，台股也曾有一次在

盤中直接跳崖式地下殺了1,400點，想當然地，存下的這些ETF績效一定很難看。不過既然已經決定做這個實驗，就不能半途喊卡，而且，能有這樣的狂風巨浪也正好拿來做為印證將來實驗結果的一項變因。

選股不謹慎，小心股票變壁紙……

在我年輕不懂事的時候，就曾經在這方面吃過不少虧。年齡稍長的朋友可能還記得台灣股市曾有博達跟訊碟這兩檔股票，這兩家公司都曾是高價股，很不好意思，我也都曾經買過，但現在，這兩家公司卻都已成往事……

往事不堪回首，我也不想回首，就讓那些殘夢都變成沉沒成本吧，不想再多提。

我想說的是，當時要買的時候，我也必然認為他們是極有前景的公司，而他們也真的風光一時，但又如何？我雖然是在那些股票還沒有變成壁紙之前出脫了，但損失還是挺慘痛的，所以對於淡如的提醒非常有感。

目前我帳戶裡還有的個股，也都是當年買下的績優

股，一檔是台積電，一檔是台達電。會留下這兩檔，是因為他們穩定的績效跟配息，在持有了這麼多年之後（絕對超過20年），我的持有成本都已經非常低了，台達電甚至已成零成本，所以繼續抱著一點危險都沒有，當然可以安心留下來，更別說護國神山台積電，我想如果它倒了，恐怕股市也要完蛋了，這碩果僅存的兩支個股應該都不會從我的帳戶裡消失。

做對的事，不怕股市暴起暴落

我還記得台股下殺1,000多點的那一天，我剛好要來錄人生實用商學院，錄音前淡如還在我面前打電話給她的營業員下單加碼。那時她問我有沒有加碼？我心虛地說了聲有，其實心裡是有點剉的，因為我還真沒親身經歷過台股大跌逾1,400點的紀錄。

當時我們一如往常錄音，其實我心裡七上八下的，等錄完音，我們看了一下行情，收盤時台股已經拉上來，剩跌不到700點。

這樣雲霄飛車式的暴起暴落，在當時上演了好幾次，說真的，要沉住氣是非常不容易的事，但我還是選擇堅持下去。因為正如淡如說的：「做對的事時，不要一直受環境雜訊干擾。」所以我選擇先不去管那些難看的績效，只要下跌，我就多少買一些，只要不影響日常生活就好。

果然，隔年之後股市像吃了大力丸，各國在不斷印鈔救市的貨幣寬鬆政策下指數都一路上揚。很快地，那些綠油油的虧損就都由負轉正了。一年多後我跟淡如在某次錄音時討論到0056領到的股息，那時我們很巧地都剛好買到160張，當年配息的殖利率來到8％，投報率早已超過一成。還不到兩年的時間 ，已經證明這樣分批慢慢買進的做法，是完全可行且可以實現獲利的。當然現在也有其他投報率更高的ETF，也都是可以選擇的標的。

透過個人的親身實證，相信可以提供大家一個參考點，如今我也還在持續買進中，因為任何時間，都是可以進場的點，

你可以繼續看我更新結果，也可以開始行動，就看你如何決定。

26

配息不是一定要

在跟淡如請教某一檔指數型ETF時，我順口問了一句：「這支ETF有配息嗎？」

淡如一片漠然地回我：「我不知道，也不關心這個，你自己查吧。」

能與大盤一起成長更重要

我有點訝異，因為在我還沒被導正的觀念裡，總覺得要有配息才是好事。買股票不就是賺價差或賺股息，至少得有其中一項才是值得做的投資嗎？

後來我真的跑去查，才發現我詢問的ETF都沒有配息，這時她回問我：「你覺得配不配息真的很重要嗎？」

我竟一時語塞。

因為在我心裡真的這樣認為，如果未必能賺到價差，我當然要選有配息的呀；但我沒有說出口，因為我知道淡如一定有新觀念要告訴我。她說在她看來，只要選對標的，配不配息根本不重要，而且如果你沒有把配來的息再投進去，就等於沒有複利的效果，這樣就算你選的標的再好，獲利也會大打折扣。

她舉了一檔美國股票波克夏的例子，說她曾在書中提到這支股票，現在一股已高達60萬美金（約合台幣1,950萬），而它剛成立時（1962年左右），一股才7.5美金，62年過去，已經翻漲了8萬倍！而同樣的時段中，美國S&P500指數只比剛開始時漲了約200倍。當時那位編輯自作聰明地下了一個註腳：因此可見巴菲特的波克夏公司績效遠遠超過大盤。

還好淡如有校稿。她說她看到這句話時嚇了一跳，如果書就這樣付梓賣了出去，鐵定要被笑掉大牙！因為S&P500有配息，而波克夏沒有，所以雖然S&P500每年也有10~15％的平均漲幅（有時還勝過波克夏），但因它

每年配息，所以沒能創造出複利效應，累積漲幅自然就沒有波克夏來得驚人。換句話說，如果S&P500也採不配息的方式運作，波克夏可能是贏不了它的（兩者可能相去不遠）。

兩相比較之下，配息與否真的差異很大，即使績效差異不大。

這時再把淡如的那個問題拿來重新咀嚼一次，你是不是有茅塞頓開的感覺？你還覺得配息真的很重要嗎？重點應該是擺在你挑的是不是一個能跟著經濟成長的腳步與時俱進的好股票，而不是它有沒有配息給你。請注意：是要能與時俱進，如果好一時、但後來就被浪潮淹沒成為時代眼淚的，請不要亂碰，免得讓自己也變成一灘眼淚。

但你可能會問：那0050、0056也有配息呀，這樣還要買嗎？我來釐清一下，樂活大叔施昇輝推薦的這兩檔存股標的一檔是看中它的高成長性，一檔是看中它每年有高配息率，兩檔都是有利基、本質好的ETF，它們一定會隨經濟成長而一起逐步攀升，這無庸置疑。所以它們即使有配息，也還是好的標的，只是買的人要記得把配來的息自

己再投回去才能創造複利效果。

很多人領到配息就開心地花掉，或只是存在戶頭裡，如果這是你的家用基金或是你臨時有急用，那還情有可原。如果你並不依賴這筆配息過活，最理想的做法就是再按原有的步調把這筆配來的息再投進去買，或是等大跌時再加碼幾張，這樣不但可以增加持有張數降低成本，更可以產生複利作用。

不管你是ETF的忠實信徒，還是主動選股的愛好者，其實都適用這個原則，就是不要把配不配息拿來當作首要的考慮因素，永遠先考慮這支股票或ETF具不具備與大盤一起成長的條件，然後盡量不要殺進殺出，永遠預留足夠的生活費用，不要賭身家，更不要亂開槓桿，這才是在股海裡永保不敗的鐵律。

切記，年紀越大，越該遵守。

27

套利務必從
正常管道借貸

　　你相信嗎？從你對借錢、花錢、賺錢、存錢這四件事的態度，竟然可以看出你是富人思維還是窮人思維。

　　我們先從借錢這件事說起。有錢人認為，只要我能從中賺到錢，而且我也還得起，我就不怕借。這對很多人來說，可能是個很難跨越的障礙，因為他們只看到借錢兩個字，就充滿了負面想法，好像借錢是窮人才會做的事，如果我今天戶頭裡還有錢，就不應該去借錢。

　　錯錯錯！淡如說：如果你能借到低利息的錢，然後把它投資到「保證會有高於借款利率」的地方，能夠安全賺到利差，那就不用怕借錢。

若能安全套利，就不用怕借錢

像她曾在日本投資房地產，用的是跟日本銀行借來的錢，年利率只有0.9％，但她把買到的房子轉租出去，年化報酬率高達8％，就算扣除一些稅金管理費，也還有6％多，再扣掉付給銀行的利息，一年實賺5％多，當然是門好生意。

所以重點就在你能否發現好的賺錢機會，其實現在很多標榜高股息的ETF，年報酬率都有將近5％，很多金融股的配息也差不多如此，如果你的借款利息是2％，那是不是就有3％的套利空間，為什麼不敢借？你一定還得出來呀。而且請你想一想，你這些放在銀行裡的錢所生的利息，定存一年頂多1點多％，活儲更低，明明有更好的利潤在那兒，你卻視而不見，豈不怪哉？但請注意：請嚴格遵守專款專用的原則，借來理財存股的錢切不可任意挪做他用，且不要單筆押注，分散投入時間點，可以有效降低購入成本，才不會賺了股利卻賠了價差。

當然也請你小心詐騙陷阱，詐騙集團的手法就是以

高獲利率誘惑你跳進去，所以請不要道聽塗說，去投資一些非正當管道的吸金騙局，有這麼多正規的投資標的可以選，何必走旁門左道，到頭來利息賺了一些，本金卻全被吃光光，這樣的例子太多了。

再者，如果你要套利，也請務必從正常管道借貸，例如銀行、郵局、信合社、農漁會，而不是向親人朋友開口，更別提地下錢莊。除了利息問題之外，你也可能欠下人情，錢債好還，人情債難償，永遠不要把錢債變成難理清的情債。

有錢人跟你想的不一樣

有錢人認為，如果借錢能夠擴展自己的資產規模，又可以提前讓自己過更好的生活，那就算是付點利息也算不了什麼。當然我們說的是正常的利率，台灣現在仍是低利時代，借錢的利息並不會很高，只要你不是用信用卡借錢或動用循環利息，你用你的房子去貸款，借錢的成本都是可以接受的範圍，重點是你必須善加利用，而不是借出來

花用，先創造出獲利，自然可以讓生活變好。

　　而且你的每次借貸，只要能按時繳息，其實就等於在建立你的個人信用，會讓你的下一次借款更順利。這個時代講求的是你的信用必須良好，這樣你走到哪裡都不怕借不到錢，有的銀行甚至會因為你的償還紀錄優良，願意多借一些給你，對有錢人而言，是更大的優勢。

　　如果你有以上種種思維，也不怕跟銀行打交道，又很善於跟銀行討價還價，把自己的借款利率壓低，那真的恭喜你，你絕對夠條件成為一個有錢人，讓自己早日達成財富自由的目標。

　　但如果你完全相反，因為怕還不出來而不敢借錢，卻總是在繳信用卡的循環息過日子，明明有房子可抵押貸款卻向親友調頭寸應急，人家說有什麼高利潤的投資標的也不查證就輕易栽進去……那麼你家就算有一座金山，恐怕也很快會敗光，注定無法恆富。

　　所幸，思維可以改變，而且任何時間開始都行，只要你不是七老八十（這樣真的有點晚），就趕快把一些錯誤的觀念扭轉過來。你會發現，某些財富就在那裡，並非遙

不可及，只要你用對方法，就有辦法取來。選擇坐在原地羨慕別人、卻什麼都不做的人，是無法改變現狀的。

28

聰明花錢，
讓你更有錢

前面談到的是有錢人跟窮人怎麼看待借錢，這一篇我們看兩者對花錢的態度又有何不同。

窮人思維不但怕借錢，也怕花錢，總覺得自己就已經不太有錢了，凡事當然要盡量省，有時候連衛生紙一抽是多少錢都要斤斤計較。但是這樣的人，卻很可能在股市裡一賠就是幾十萬，心態非常矛盾。

時間成本有時比金錢還貴

有錢人因為有把握把錢賺回來，所以花錢的態度就會大方許多，而且他們會把每一次的花錢當作是一次變相投資。別以為有錢人買名錶、名畫和跑車純粹是為了享樂招

搖，其實背後很可能也為了增值的目的。

淡如說她最喜歡把錢花在學習上，其實學習也是一種自我投資。知識是一種無形的資產，可以增加自己的底蘊，短期或許看不出效益，但學習帶來的滿足感，會讓人散放一種自信的光芒，對你的人生絕對有加分的效果。

有錢人也比較願意花錢去節省時間與精力，因為時間成本有時比金錢還貴，尤其是對上了年紀的人來說。如果花一點錢，省下來的時間可幫你去做更有經濟效益的事，這錢絕對值得花。

省了小錢，可能浪費更多

我有個朋友是個行銷經理，她隨時都在接案賺錢，她說她絕不自己打掃房子做家務，都請鐘點工來幫忙，一來她對家務不在行，要她做不但做不好也惹得一身氣，二來她把省下來的時間去接案，賺的錢拿來請鐘點幫傭還綽綽有餘，家裡也井井有條，何樂而不為？

有錢人懂得拿錢去換命，而不是用命去換錢。

真正有錢人並不是守財奴，所以他們並不喜歡占便宜，尤其是對自己的好朋友，因此他們一定是禮尚往來，而且是加倍奉還。但窮人思維常是能占一點便宜就占一點，你一定常常聽到這種事，有人把賣場裡或公司裡的衛生紙A回家，有試吃的場合就帶著一家大小從頭到尾吃好幾輪，自以為省到就是賺到，仔細想想，這真的賺到多少？難道省了這一餐或這些衛生紙就會致富？如果肚腸這麼狹隘，能做出來的事就高明不到哪兒去，成就當然也不會太高。

　　有一段時間，日本很流行一個叫「搶救貧窮大作戰」的節目，裡面專門請一些省錢達人來教大家如何用小錢過生活。說實在的，那種小器到極致的精神我並不欣賞，而我也相信如果人人如此，對整個國家的經濟發展必然無益，只有倒退。

　　大家都不花錢，商品賣給誰？廠商店家全受害，通貨緊縮的情況下只會讓經濟更蕭條。政府要的不是大家捨不得花錢，而是大家願意消費，只有這樣，經濟才會活絡起來才能往上成長。這次疫情就是個很好的例子，大家不上

門消費，造成很多店家生意慘淡，關門倒閉的比比皆是。最後各國政府都在拚命撒錢刺激消費挽救經濟，雖然這樣也未必沒有負面影響（通膨就是個苦果），但至少整體經濟成長率還能拉高，民生沒有因此凋敝。

但花錢也不是不需要智慧，窮人思維常犯的一個毛病就是，自以為省了很多，其實是浪費更多。很多人喜歡到大賣場採購，或是趁百貨公司週年慶就去撿便宜，因為覺得難得，於是就買了一大堆，也不管自己是不是真的用得了那麼多，結果很多東西常常放到過期。如果是塗塗抹抹的東西或許過期了也還可以用，但吃的東西放過期到最後也只能當垃圾丟掉，這樣的花錢是真的省到了嗎？你我心知肚明。還有的女孩子總覺得衣櫥裡少一件衣服，但仔細整理，多的是趁換季打折時買的新衣，連標牌都沒剪，拿出來一看，要不過時，要不現在穿不下，這些當時以為省錢的，後來全是浪費。

你或許志不在當個有錢人，但其實聰明的花錢確實會讓你更有錢。

29

理財不是分散就好

很多理財專家都會建議大家：不要單押一檔或同一類型的股票，要盡量多元化，才能分散風險。也就是雞蛋不要放在同一個籃子裡的概念。

聽起來好像言之成理，但也常常造成投資者的操作盲點。很多人買了很多支不同類的股票，把自己的持股弄得像一間百貨行。但投資者並非真的每一檔股票都懂，也沒有景氣循環的概念，所以雖然看起來像是分散了風險，但其實投資報酬率總是沒什麼起色。尤其一遇到市場大波動時，立刻變成一片綠油油。

就算是其中某幾支剛好來到波段高點，通常也沒能及時出場；而賠錢的股票又捨不得出，覺得這樣抱著總有一天會漲上來。於是就這樣抱上又抱下，搞了老半天，卻沒

賺到什麼錢。

錯誤操作，造成劣幣逐良幣

這是一種迷思，因為大家都覺得自己很聰明，總想著自己能夠勝過大盤。其實就連股神巴菲特，也未必能年年打贏大盤績效，更何況我們沒他那麼深的口袋、那麼專業的研究團隊。

持股太多種類，就容易有難以取捨的問題，很多投資人手上一缸子股票，卻不諳汰弱留強的道理。有些明明是強勢股，他卻在賺到5％的時候就賣掉了，想說有賺就好，結果後面又漲了一大段，才又匆匆忙忙跳進去追價；而弱勢股票其實應該即時出掉，卻又因為不甘心賠錢賣，認為沒有賣，就不算賠，導致最後越賠越多。

這種心態常會造成劣幣逐良幣的效應，到頭來剩下的全是一些賠錢的組合。

還有一種人，買了股票就放著不動，一擺十幾年，這種跟股票談長期戀愛的人也很危險。除非你是存股，選的

是跟大盤連動性高或有持續滾動修正的ETF，否則這樣很可能連股票都下市了你還死抱著不放。

我有位長輩伯伯在證券股很熱門時買了許多不同證券公司的股票，那是個全民瘋股的年代，每天號子裡都聚集了許多退休人士、菜籃族與股市新貴，成交量日日創新高，讓每一家券商光手續費就賺飽飽。當時的營業員幾乎每一個都能領到幾十個月的年終獎金，好不風光，所以證券股也都漲了好幾翻。

榮景不會永遠在，讓專業的來

那位長輩覺得證券公司的榮景一定可以一直這樣持續下去，只要號子裡永遠都這樣高朋滿座，證券股根本就像金雞母，所以買的全都是證券股。當時他兒子其實有勸他，這樣單押一種類型的股票風險有點大，不如趁價錢不錯先賣了，等未來股價下來再低接，若是放不下，也可先出掉三分之一，把本錢先拿回來，至少立於不敗之地。但這位長輩都沒聽進去。

他認為股票一旦賣掉，就很難追回來，而錢放在戶頭裡閒著也是閒著，何必多此一舉？更何況配的股子股孫也比銀行利息高。他沒想到的是，當復徵證所稅的政令一宣布，股市一夕崩盤，居然連續十九根跌停板！股市一片哀嚎，天天無量下跌，光這十九天，指數就跌掉超過三分之一，很多融資者都被斷頭出場，就算沒有融資的，滿手股票一張也出不掉，全都被套牢，許多家庭因此破碎。

經過一場慘劇，這位伯伯的股票由賺錢變成賠錢，後來甚至都跌回票面價，許多年都不見起色。想當然耳他是懊悔不已，後來那些股票是不是還留著我不清楚，但有許多公司現在應該已經都不在了。對於這類喜歡長抱股票的投資人，只要遇上一次股市大地震，很可能半生心血就會去掉一大半，不可不慎。

如果你想分散風險又想長抱股票，其實有很好的ETF可以供你挑選，不必自己在那裡傷腦筋東買西買了。因為ETF就是根據不同屬性與需求，所挑出的一籃子股票，而它很適合想要長期存股與整體經濟並行的投資人。就算股市有所波動，因為你是分批進場又是打算長期持有，就不

必太擔憂。而且ETF的擇股有一定的邏輯，只要不符標準，就會被剔除並加進新股，比你自己在股海中瞎忙精準得多。只是眾多ETF還是需慎選，規模不要太小，每日的成交量不要太少，風險會低一些。

理財不是分散就好，買股票更不需要像愛情長跑。

30

一堂 6,000 萬的投資課

　　我有個朋友，在2018年因為一場金融投資商品的虧損，幾乎把他這前半生的積蓄一次賠光，他說自己根本已經人生歸零。

　　沉潛許久，他才有勇氣重新接觸朋友圈，我也才得以知道整件事的來龍去脈。那年的2月6日，台灣發生了兩件大事，一是花蓮大地震，另一件就是台指選擇權的大屠殺事件。我朋友遇上的不是大地震，效應卻比地震巨大無數倍！

　　那天的前一晚，美股重挫超過1000點，其實台股期貨的夜盤就已經隱隱透著不安的危機。果不其然，隔天一早台指期一開盤，就以暴跌200多點開出，但最不可思議的是，台指選擇權的買權與賣權卻全都暴漲，尤其是遠價

外的檔次，竟然被拉到漲停板。這是完全不合理的狀況，指數再怎麼暴漲或暴跌，多空也應該只有一邊會跟著大幅上揚，絕不可能兩邊都拉高，甚至攻上漲停。

不清楚遊戲規則，會要人命

我朋友向來以賣雙邊（賣出買權與賣權）當莊家操作選擇權，只要最後結算價落在他選擇的雙邊價位之間，權利金就可全數落袋。但這次是雙邊都被拉上漲停，他的保證金維持率一下就掉到規定的水準之下，期貨商只簡單發了一則簡訊給他，告知維持率不足，然後在八分鐘之後將他的部位全數平倉，完全不管當時銀行才剛開門，他根本來不及處理。在沒有給他充足時間轉入保證金的情況下，他戶頭內的錢瞬間全數灰飛煙滅，還背負3,200多萬的超額損失。

他的6,000多萬，不到十分鐘就從地表消失，就算一張一張放火燒，也不該這麼快。他沒有時間沉湎於損失之痛，因為超額虧損的部分必須於時限內補齊，否則就會被

期貨商提告，還好他家裡還有點實力，當天中午之前就把這筆帳給搞定，而虧損的後座力，也才慢慢地顯現。

事件發生後的半年間，他幾乎夜不成眠，就算睡著，也是惡夢連連……他這樣告訴我。

他們這群「受害人」還組成了一個自救會，三不五時進行抗爭，但都得不到什麼善意回應。官方官腔，互踢皮球，有的人承受不了如此大的打擊，選擇輕生。他只能告訴自己還算幸運，還有能力支撐下去，期貨商自己也知道有無法規避的責任，主動跟他協商，退給他部分損失，簽了保密和解書，他決定不再繼續耗在這場漩渦裡，選擇往前走。

我曾在人生實用商學院裡分享過這位朋友的案例，另一位來賓應德煇（煇哥）來幫忙解析整個事件，我們的結論就是：不清楚遊戲規則的金融商品不要碰！

理專的話不能隨便聽

這個事件裡受害最深的一群（估計約有400人，損失

總金額超過40億），幾乎都是市場老手。如果市場老手都會傷得這麼慘，那初生之犢的股市菜雞或小白，恐怕有命進場、無命出來，絕對不要仗膽亂試。尤其這類金融商品（期貨選擇權、權證）的操作槓桿都相當大，你以為是以小搏大，但到頭來常是以小賠大，口袋不夠深，真的玩不起。

除此之外，許多銀行理專在上層的銷售壓力之下，常常推薦一些自己都沒有完全搞懂的金融衍生性商品給自己的客戶，話術講得很好聽，保本保息、穩健不賠，但風暴來襲，他們倒是撇得一乾二淨，別人的錢賠不完，雷曼兄弟債不正是如此？

如果你已步入中年，千萬別把錢的主導權隨便交給你的理專，他賺的是你的手續費、管理費，可絕對沒保證你的損失他會負責，金融市場陷阱多，如果你隨便聽隨便簽，只怕陷阱踩不完。

31

掌握股市的80/20法則

　　常收聽人生實用商學院的朋友，一定對80/20法則這個名詞不陌生，但若要問你它到底是什麼意思，可能又很難用一句話交代。

　　簡單說，它是由義大利經濟學家帕雷托（Vilfredo Pareto）於 1896 年所提出來的論述。據他的觀察，義大利有80％的土地是由 20％ 的人口所持有。而這項理論後來也被廣泛運用在商業管理、金融投資等領域；如果你想好好管理自己的財富，當然應該稍有了解。

　　你應該也聽過，在股市裡通常只有20％的人賺錢，80％的人賠錢。或是一個長期持有股票的投資者，他80％的獲利，來自他投資組合中的20％等說法，這些都是80/20法則的延伸。

既然如此，你當然應該避開當那虧損的80％，而盡量成為那賺錢的20％才是王道，但為什麼你常常做不到？因為你還是很難做一個不從眾的人。

分批買入、長期持有，擺脫80％的賠錢圈

從眾是人性，因為你總覺得這樣比較安全、讓人安心。大多數的人都這樣做了，我跟著做才跟得上腳步。如果你也一直這樣想，那你絕對落入賠錢的那80％之中。

雖然很多人都知道這個道理，也很想逃出這樣的宿命，但其實想的容易做起來難。請你想一想，你在看到股市一片熱絡，尤其有人又開始喊著要上看多少點又多少點時，你是不是就開始心癢難耐，覺得若不買就跟不上這一波了？

而當黑天鵝滿天飛，股市一片哀嚎聲時，你是不是就擔心到睡不著、吃不下，想著乾脆把股票都賣一賣，認賠出場？

如果是，那你當然就是那些賠錢的人，因為你還是犯

了追高殺低、衝進衝出的毛病。一個成功的投資人，從來就不該是順著大家的吆喝與情緒來做買賣的決策。以巴菲特和蒙格為例，他們的原則是「價值投資」，如果有投資的價值，就不可能短進短出，否則就乾脆不要持有。當你很確定你的買進標的有長期而穩定的獲利能力，你該做的是穩定不躁進的一點一點買入，並長期擁有；縱然持有的過程中會受經濟景氣、國際局勢而有所波動，只要世界還在如常轉動、人類沒有滅絕危機，你就要相信整體經濟還是會逐步上揚，這是趨勢，不會改變。

你的情緒會受影響，必然是你在某一個時間點一下子投入了大筆資金，一旦行情反轉向下，蒙受的損失過大，就算明知不該殺低，卻又沒有多餘的錢可以攤平成本，或者也擔心越攤越平，於是恐慌感不斷攀升，只好先跳車再說。這就是在操作上沒有遵守紀律造成的。

那什麼是投資紀律呢？其實就是分批買入，長期持續進行。

很多人會說，但我怎麼知道什麼價格適合買進？我也想買在比較低的價位呀。我只能說人不是神，你永遠不

可能買在最低點，通常那個低點也只是一閃即逝，你能把每一筆投入的資金都買在相對低點就已經非常了不起了。但那個涉及技術層面，有些投資大師會建議你參考KD（由K值〔快線〕跟D值〔慢線〕所組成，用以判斷目前價格的相對高低變化），及MACD值（Moving Average Convergence & Divergence，平滑異同移動平均線指標），來做買進點的選定，但我必須說，如果你沒有那麼多時間隨時盯盤，其實定期定額就是最好的懶人投資法。

你不用傷腦筋，其實機關算盡你也未必會多賺多少。太多的研究數據已經告訴我們：定期定額投資的績效一點也不會輸給整天在那裡找低點介入的投資人！因為你總不會一直買在高點，當買入價格有高有低，最後的平均價格就不會太差。如果你有不只一檔的投資標的，那不妨就把買進時間分散在不同天（例如每月的5、15、25日），這樣更能有效地把買點風險因素降低。

買入之後就不要太在意短期波動，哪怕你買了之後就馬上下跌，也別因此沮喪，你要做的是長期投資，如果一天兩天的下跌就讓你崩潰，你根本不適合投資。況且往好

處想，股價下跌你才有機會再買到更低的價位，這有什麼好難過？反而應該要高興才對！

用這樣的方式來買，你的壓力不會太大，也不會影響日常生活（能吃得下睡得穩非常重要）。重點是，你知道在行情不好時，自己永遠有餘力繼續低進，不會像很多押單筆的投資人，在低點時想要加碼，卻已經彈盡援絕，眼睜睜錯過加碼的好時機，只能徒呼負負。

一旦紀律成形，執行才是你要做的功課，切切不可自己隨意改弦易轍或因一時的劇烈波動就心旌動搖，其他的請交付時間。唯有如此，你才能真正地擺脫那80％的賠錢圈。

MACD 值的參考判讀

MACD 值為正數＋	MACD 值為負數－
短期均價高於長期均價	短期均價低於長期均價
代表市場處於上漲格局	代表市場處於下跌格局

※ 如果沒有那麼多時間盯盤，其實定期定額就好，完全不輸給整天找低點。

32

股票未上市，
不要急著投

　　因為看到淡如在臉書揭示一則她投資未上市股票的斑斑血淚史，我決定花一集節目的時間好好採訪她，請她仔細分享這個踩雷經驗的來龍去脈。

　　話說5、6年前，淡如有一位從事醫療生技研發的朋友來遊說她，邀她一同投資某家未上市公司。這位朋友學有專精，研發出來的產品也相當優質，淡如基於鼓勵好商品的出發點，慷慨認購了100張股票，以為這將是個高枕無憂的好投資……

　　數月之後，她突然想起這項投資，才要求要看公司財報，不看還好，一看才發現公司淨值居然只有她當時買的股價的1/4！雖然她深諳這個產業容許比較高的本夢比，也就是股價可以被估得比較高，但她也隱隱嗅出了不對的

味道。因為第二年她就發現，這家公司產品好是好，但淨獲利率居然是負的，也就是虧損的。

這時她的朋友告訴她不必擔心，因為公司的營業額大幅成長了一倍。

既然營業額成長一倍，為什麼獲利會是負的呢？這就是藏在細節裡的魔鬼了。原來他們把很多私人開支轉報公帳，又列舉很高額的研發費用，妙就妙在公司雖有理監事，卻沒有嚴格執行監督之責。竟任由這樣的虧損持續發生，讓投資的股東蒙受損失。

雖然說未上市的公司（含創櫃板公司），可以被容許比較高的虧損，畢竟公司還在爬升的階段，本來就比較需要燒錢，也會做好前幾年要賠錢的打算，但也不能是糊里糊塗的亂燒。

有好的專利，不代表必然有好商品

而在這過程中，因為公司產品有找過淡如的電商平台談合作，卻出了一些問題，才讓她益發覺得這公司確實存

在很多她當初沒有看清楚的眉角。她認為如果這家公司夠好夠誠信，根本不須自己不斷在市場裡找錢，各大創投資金自然就找上門來，而且早該上市了，怎麼還在遊說原股東增資呢？

該公司第一次寄現金增資邀請函來給淡如時，她已經完全清楚這公司的套路。公司還刻意告訴她現在股價已經上漲（代表股票已有未實現的資本利得），如果不增資增加持股，原持股恐將會被新增股數稀釋，藉此吸引原股東再掏錢出來。她決定不再被這樣的說詞蒙蔽，直接把通知函給撕掉，本以為這樣也就船過水無痕，沒想到兩個月後，鼓吹增資的通知函竟又寄來第二次！

這代表公司根本沒有募到足夠資金，也就是很多人可能都不想再被剝第二層皮了。淡如說：她根本把對方當成詐騙集團，已經打算把當初投資的這筆錢當成打水漂兒，變成沉沒成本。

我問她，怎麼沒想過乾脆把持股出脫，就算認賠賣，至少也可以拿回一些本金？她妙答：你以為我沒想過？其實她老早就問過當時把股票賣給她的那位朋友，但朋友顯

然故意找藉口，說是現今法令不許公司私下媒合股票交易……這確實滑稽，當初她買下股票時不也是經過私下媒合的嗎？

就這樣，到現在她仍擁有這家讓她覺得是個人投資史上一大汙點的 100 張股票。

她的結論是：不管這家公司有多好，產品有多棒，當它還是未上市公司時，不要急著投。有好的專利不代表一定有好的商品，而有好的商品，若公司不夠誠信，或者為了過度追求毛利，也可能全盤皆墨。如果真的看好，不如等它真正上市後，再循正常管道投資。

未上市的股票裡不是沒有寶石，但你的眼光夠不夠敏銳、口袋夠不夠深、心臟夠不夠強？往往決定了你會不會成為一個尋寶家的要素，不得不慎。

33

慢慢買，別只想抄底

　　大家常喜歡問，怎麼投資才能穩賺不賠？要怎麼選股？何時可以買？但這篇要說的不是這些，而是要告訴你：哪些事你不該做。

別以為自己可以一直買在最低點

　　投資是為了讓你的日子過得更好，而不是要把生活變成一部驚心動魄的驚悚片。你應該要量力而為，而不是以賭一把的心態來進行。想要投資不踩雷，請記住以下三個守則：

　　守則一：不要為了快速獲利而大膽的融資或使用槓桿操作。

手上有多少錢，就做多少錢的事，擴張信用借錢來玩，絕不是一個正確的理財觀。有的年輕人，在股海裡贏了幾次，就真心以為自己真的是股神了，其實是待的時間不夠久，還沒真正經驗過什麼叫做大風大浪。

這樣的初生之犢最可怕，因為他們以為自己已經掌握訣竅，可以戰無不勝，所以乾脆玩大的。於是用融資、開槓桿，把資金極大化，以為這樣賺得快，一旦情勢反轉，或有個突發狀況（像911事件或新冠疫情突然爆發），你想跑可能都來不及。還記得2021年5月中旬疫情大爆發時，台北股市有一天盤中大跌1,400多點的紀錄嗎？如果你是用融資買股票，我想那一天你一定像是熱鍋上的螞蟻，坐立難安。

守則二：切勿在某一時點把資金完全投入，等想撿便宜時只能乾瞪眼。

會有這種習慣的人通常也是賭徒心態，就是覺得股價已經夠便宜了，或是再不追就來不及了，所以想一次all in。就像我們之前曾提過牛頓買股票的故事，他第一次覺得賣太早，等賣掉股票卻看它繼續大漲，內心一定很後

悔，等它有個小拉回，就覺得這是個上車的好機會，於是一不作二不休，全部的錢就投下去。

永遠不要認為自己就會買在最低點，唯有分批買、慢慢買，你才有可能讓某一部分的錢買在相對低的地方。如果你一次把錢買光，等它又跌下來到更划算的價位，即使你明知它是檔好股票，將來也一定會再漲上去，但你就是沒錢再加碼，這樣不是很令人扼腕嗎？還有的人只顧著買股賺錢，不留下生活所需的費用，這也很可怕，投資理財的錢一定要是閒錢，你不能把生活費也混在一起，買股票而影響日常生活，這是本末倒置。

守則三：切忌搞不清楚自己買的是什麼，等到大跌才在問原因。

很多人買股票是跟著大家一頭熱，人家說什麼好，他就跟著買什麼，完全沒有搞清楚自己究竟買的是什麼，以及自己為什麼要買？這就很像到廟裡求明牌簽樂透彩一樣。如果你是人云亦云、盲目跟從，你一定會成為被坑殺的對象，因為你聽到的總是最後一手的消息，接到的總是人家要脫手的股票，等到股票殺下來，你還一頭霧水，不

知自己成了最後一隻老鼠。

如果你一定要主動選股，至少得做做功課，把你要買的標的研究一下，不要只是道聽塗說。你信不信，有超過半數的人，可能連他自己買的股票是在做什麼都一問三不知，如果你平常買個生活日用品，都還會挑你信賴的牌子，為何做投資時會如此草率隨便，僅憑感覺行事？

我認為，知道自己不該做什麼，比要做什麼更重要，如果你不知避雷，有時候做了半天，誤踩一次雷可能就把畢生努力炸個粉碎。這樣的例子我看了不少，有人生意做得有聲有色，卻因期貨操作不當，槓桿開得太大，積蓄一夕化為烏有。

曾經看到日常生活中明明是位理路清晰的教授，卻不知哪根筋不對，就聽信某個舌粲蓮花的股市名嘴，把戶頭裡的錢全都打了水漂。所以，以上三個守則或許不是告訴你怎麼把錢滾得更多，卻是能讓你把賺來的錢守住的重要利器，這是一道護欄，保你在崎嶇山路行駛時，不會翻落懸崖，請你牢記在心。

創造被動收入的富思維

★ 投資是為了獲利，保險是為了不測風雲所預作的規畫，兩者不要混為一談。

★ 理財是一場馬拉松，太過隨興，想跑就跑、想停就停，恐怕很難跑到終點。

★ 當股市重挫，定期定額的投資者反而有機會買到更便宜的好股票，所以平時就要先做好功課。

★ 窮人思維常犯的一個毛病就是，自以為撿到便宜，結果買了不需要的東西，反而浪費更多。富人思維則懂得用金錢換取時間，因為省下來的時間和精神反而賺更多。

★ 不管是買 ETF 或主動選股，配不配息都不應該是首要的考慮因素，而是應該先考慮它能否與大盤一起成長。

★ 永遠預留足夠的生活費用，不要賭身家，更不要亂開槓桿，這是在股海裡永保不敗的鐵律。

★ 如果想套利，務必從正常管道借貸。此外，錢債好還，人情債難償，千萬別把錢債變成難理清的情債。

★ 投資不能靠勇氣與運氣，而是靠一顆穩定、自律的心。如果不能戒除搶進搶出、任意擴張信用、放大槓桿的惡習，不如不要輕易踏進股市。

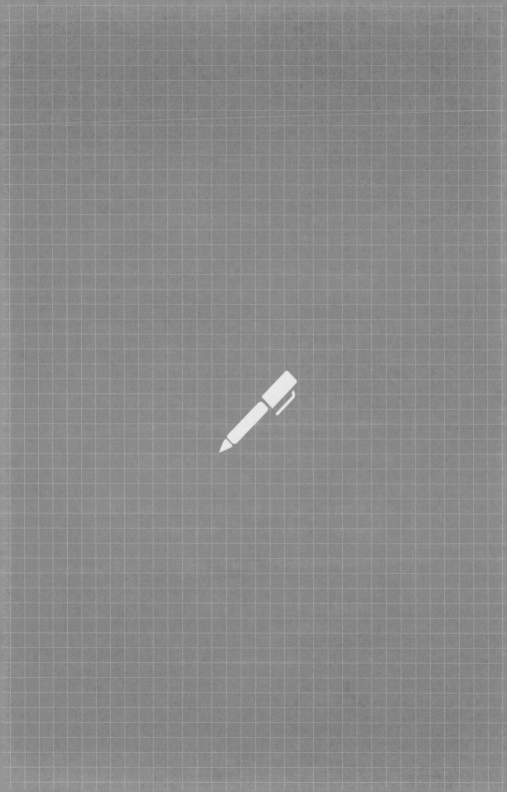

PART 3

理人生

讓被動收入流向你的
富足心態

$

34

理財，也要理人生

講了這麼多理財思維，其實人生實用商學院教給我最有價值的部分，除了告訴我適當的理財方法，可以省下很多浪費的時光、少走彎路；更重要的是，它提醒了我，要好好運用餘裕，多做一些讓自己感覺幸福的事。

理財和興趣都要從年輕就培養

淡如總是這樣告訴我：錢或許買不到所有的東西，但錢可以讓你擁有自由。

一個善於理財的人，可以讓你比其他人提早實現財富自由。什麼是財富自由？當然就是不必再為了擔心錢不夠用而繼續汲汲營營於工作，可以讓人為品味生活而生活。

你可以將它定義為提前退休，但退休的意義並不是要你從此無所事事、混吃等死，而是找到對你的人生更有價值的事來做，以不枉此生。有很多人總喜歡發下豪語，說自己如果哪一天退休之後，他就要去環遊世界、去爬百岳、去學繪畫、去學英文自助旅行……

　　但其實你會發現，如果這些興趣不從年輕時就開始培養，就算真的到了退休那一天，許多人很可能還是無法付諸行動，或是到那時身體狀況已大不如前，就算心有餘也力不足。

　　簡單地說，很多興趣從年輕有體力時就要開始做，把它當成一種生活習慣，它才會有持續下去的可能，這跟我們一直倡導的理財要從年輕開始，是同一個道理。

　　我常常看到很多年輕人，一下班就攤在沙發上，不是追劇就是打電玩，假日睡到自然醒，醒來繼續耍廢，不是掛在網上，就是跟朋友約出去吃吃喝喝言不及義，難得的假日也就虛度了，然後再進入下一個循環。這樣的日子過久了，人生不會有動力，也不會有累積，更不會培養退休後安排生活的能力。

用複利概念投資自己

　　如果你已經學會長期投資法則——也就是選好能穩定獲利的理財工具，長期分批投入，利用複利效應來幫自己累積財富，那你就可以把省下來的時間，當成是另一種利息收入（不要懷疑，時間就是機會成本，年紀越大越貴）。你一樣可以用複利概念來運用這些時間，那就是投資自己。

　　不管你是要學習某些新的知識或技能，用來訓練自己的第二專長或經營斜槓人生，還是用來培養自己喜愛的興趣充實人生，這些花下去的時間一樣會帶來複利效果。你的第二專長或斜槓工作會為你帶來額外的收入，讓你的財富累積得更快，更早實現財富自由；而你的興趣也會讓你的人生更多采多姿，完全不會把退休後的生活變成一灘死水。

　　就算你沒有任何興趣，也可以把自己的身體練好，把人生的坡道做長做堅實。要知道現在人的平均壽命都已突破80歲，如果你不想在人生最後的階段都是臥病在床、

無法動彈，投資自己的身體健康當然也是個很好的選項。這樣即便你想無所事事享清福，也不會是全身插滿管子只能天天看著頭頂的一方天花板，哪裡也去不了。這不單單是為了自己，更是為了不要拖垮身邊最愛的家人。

請永遠記得：理財的同時，也在理自己的人生。

如果你的理財只是讓自己忙得像一隻永遠停不下來的蜂鳥，雖然累積了財富，卻因此失去擁有時間的自由感，失去陪伴家人朋友的親密感，失去寶貴健康的元氣感，失去逐夢的充實感，這樣的人生真的是你要的嗎？是值得追求的嗎？絕對不是。

把人生跟你的錢放在一個思維裡一起理，你才能賺錢也賺到幸福、賺到自由；只有投資金錢也投資自己，才會有全面的富足，而且從越年輕開始，收穫越多。

35

別讓沉沒成本毀了人生

在節目中聊起沉沒成本的話題，我分享了一個好多年前的經驗。

有一位老婆婆來看牙，說她想做一副新的假牙。我看她原本的假牙其實並不舊，問她為何想重做？她說她覺得戴了不舒服，根本沒辦法吃東西，我問她有沒有回原本的牙醫處請醫師幫她調整？她說她已經去了好幾次，自己都覺得不好意思了，但每次的結果都一樣，最後她覺得根本沒有用，不如另外找一家，重新做一副新的假牙算了。

當時的自己顯然自我感覺太良好，沒怎麼多想，就決定幫她重做。其實病人的齒槽骨已經吸收太多，以這樣的條件做全口假牙，效果當然不會好，但年輕的我滿腔熱血，而病人又滿懷懇切，就不假思索跳下去，等做了之後，

才發現根本是挖坑給自己跳。

想當然耳，病人對新做的假牙還是不滿意，三天兩頭回來找我修整。而且，拜託我做時是一種口氣，要我調整時又是另一種口氣，好像完全變了一個人，原本的客氣不見了，只剩連串的抱怨。我心想不妙，有種誤上賊船的感覺，但頭都洗了，只能硬撐著耗下去。

幾次之後，她自己不來，卻由她的兒子出面。一臉橫肉的兒子直接把假牙往我們櫃台一丟，告訴助理這假牙讓他母親痛苦得要命，根本沒辦法吃東西，他們不要這副假牙了，要我們把錢退還給他。

助理說：「這怎麼可以，我們都花了時間材料跟技工費用了……」但對方態度極差，還揚言要找媒體申訴，助理不得已跑來跟我說明狀況，我沒有考慮太久，就答應全額退費了。

別讓不甘心絆住你

助理當然覺得不平，但我覺得與其這樣繼續「纏鬥」

下去，還不如設下停損點，不要讓自己陷於空轉的泥淖，因為每一次看到這位病人出現，其實花費的不僅是我的時間成本，也讓我的心情受到極大的影響。我不如用這些時間來看其他的病人，獲取更高的效益。

跟我有相同經驗的同業不少，有的醫師為了不甘心付出的時間心力與材料成本，一直不斷跟病人周旋，結果失去的可能更多，其實就是沒弄明白「勇於放棄沉沒成本」的道理。

那天淡如也說了一個她經營電商遇到的客戶的故事。

那位客戶販賣的是營養保健食品，明明存貨所剩的有效期限已經不多，卻仍堅持每一個商品的利潤不能降低，這讓淡如十分不解，如果因此賣不出去，到頭來整批貨物都會變成垃圾，還必須雇人清運，反而不上算。

但客戶認為東西明明還是好的，沒道理降價求售，但卻沒想到，有效期限已近，買到的人有多少時間可以食用？顧客也是精明的，如果花一樣的價錢，誰都想買效期長一點的食品？這時候賣家該考慮的是，能清掉庫存就是賺到，即使不賺一毛錢都是，不然你還得額外花錢清掉，

損失更大。

這些降價讓利、打掉庫存，其實都是消除沉沒成本的概念。換句話說，很多事情只要你還有不甘心，沉沒成本就一直在那裡，它永遠在侵蝕你的獲利。只有想通這個道理，並且願意認真執行，你才有扭轉頹勢的機會。

請想想你的人生，是不是也充滿了一些不甘心，這些不甘心很可能纏住你的腿，讓你始終邁不開步伐向前奔馳。如果你想要擁有更開闊的未來，請學習把這些不甘心當作沉沒成本，丟進焚化爐裡。我知道有點難，但越過了這層障礙，人生就會有不一樣的風景。

更重要的是，不甘心少了，你一定更快樂。

36

財理好，
更能避免被情勒

　　我記得有一次剛好在母親節前進錄音室，淡如跟我
說：「我們來錄一集母親節的特輯吧，我有一些想講的心
裡話。」

　　其實在那之前，我們就曾經錄過一集該如何化解父
母的情緒勒索的話題，當時我們聊到好多相似的境遇和傷
痛，才發現彼此的父母（或許該說是我們上一代的父母）
有非常多相同的習性。

　　我回想起，印象中我父母真的是從年輕吵到老，而且
如果仔細聽起來，他們吵架的原因真的都是芝麻綠豆、雞
毛蒜皮的小事，在我看來根本不值一提的爭端，他們居然
可以吵到面紅耳赤、鬧死鬧活。有時我就會想（我永遠僅
止於想，不會真的說出口）：「你們如果這麼不滿意對方，

為什麼不乾脆離婚呢？幹嘛互相綑綁折磨，又互相謾罵怨懟？」

但我不敢說出口，因為怕被說成不肖子。

聽完我的心聲，淡如也說了一個她親戚的例子。她說有一次她的親戚工作完一進家門，竟然看到她爸媽從宜蘭跑來，兩人坐在客廳互相指摘對方的不是。那氣氛十分肅殺，讓她不知該如何打圓場，而且兩邊各有各的說詞與道理，她根本不知誰說的才有理，也不知該幫誰說話，最後她只好無奈的說：「不然這樣好了，請爸爸媽媽就在這裡簽字離婚，我來當證人好了。」

這帖猛藥一下，她爸媽的爭吵馬上平息，接著所有的唇槍舌劍全向她射過來，她反而成為箭靶，我不知道這招算不算「圍魏救趙」，但確定的是，那天她變成爸媽口中的不肖女。

與其苦苦相煎，不如大方走出去

我相信處境跟我們一樣的人一定不在少數，尤其五、

六年級生應該最有感，很多父母承襲他們上一代的權威，吃定我們這一代的兒女不敢隨便反抗，有時會做出一些讓子女為難的事，或是逼你必須在父母之間選邊站，彷彿你必須扛下他們所有的期待與是非，哪怕這些事情跟你一點關係都沒有，也絕對不能置身事外，如果你不想捲入無謂的爭端，就會被扣上不孝這頂大帽子。

我們何德何能？明明是大人了。何況更是大人的大人了，為什麼還要這樣為難自己的子女？

關於父母的情緒勒索，形式真是多到擢髮難數，我聽很多人訴說他們所遭遇的困擾，有些長輩用身體健康綁架子女，有的用財產分配控制。我還聽過一個朋友分享，她婆婆有一天身體微恙還跑出家門，只為了氣兒子與媳婦不在身邊照顧，後來她先生趕緊請假回家一趟，並在住家附近找到人；他問母親為何要跑出來？他母親回說是出來遛狗，她先生納悶的說，家裡並沒有養狗，何來狗可遛？他母親竟用嘲諷的語氣說：我把自己當狗遛！

這樣的賭氣言語，聽在兒子媳婦耳裡，情何以堪？

也有些子女因為本身的經濟狀況不佳，只能依附父

母，這也容易造成「被情緒勒索」的被動因素。有一個遠房親戚，因為中年失業，只好回家讓父母養，雖然父母也接納他，但經濟卻成為情緒勒索的對價條件，他為了生活也只能吞忍，後來趕緊找到一份工作搬離家，才結束了惡夢。

我跟淡如還聊到，從周遭的很多案例中，會發現很多父母的情緒勒索，子女本身或許也有責任。因為父母的情緒勒索，有時也是被子女養出來，就像毒癮一樣，剛開始你只是稍微配合討好就能滿足，但漸漸需求和胃口越來越大，你就必須做出更大的犧牲，最後很多子女就被這攤以孝為名的泥淖牢牢卡住，無法動彈，甚至窒息而亡。

其實為人父母並不要一直把自己搞得那麼無奈，應該積極去尋找自己的生活目標，走出自己的天空，而不是一再內捲，把自己身邊的人一個個捲到精疲力竭。多出去認識一些新朋友，學習一些新的事物，讓自己持續成長，這樣不但能保持活力，也可以讓自己與子女的關係變好。

而作為子女的，最好的自立之道，就是好好理財賺錢，讓自己快快獨立，減少對父母的依附。如果可以，孝

親費就大方給，用錢能解決的都算小事，至少換得耳根清淨，這錢花的也算值得。

情緒勒索或許短期有效，日子久了只會像狼來了一般，讓大家越逃越遠、更加悲慘。

37

牙齒保健是個好投資

　　不要不相信，很多人在中年之後的大筆開銷是花在牙齒上面。

　　我記得有一次跟淡如聊到這個話題，她說她曾經跟一個Uber司機聊天，司機說光是花在他太太的一口假牙上的錢，居然快把他的退休金用光！這種事情時有所聞，很多有過植牙經驗的病人都會開玩笑說，他們是把一部進口名車給植進自己的嘴裡，由此可知其費用之昂貴。

　　既然大家都知道假牙的花費不便宜，如果能從小，從日常生活中把牙齒顧好，讓中老年後把這筆龐大費用省下來，這不就是一種小投資而省大錢的理財概念嗎？

　　試想：你從零歲到100歲，每半年定期上牙科檢查保養牙齒，每一次的掛號費也不過一兩百元之譜，這一百年

下來了不起花你三萬元，用三萬元來省下一部進口名車的花費，難道不划算？

而且由於定期的檢查，很多小問題都及早被處理掉了，根本不會演變成會讓你輾轉難眠的痛楚。大家都聽過「牙痛不是病，痛起來要人命」的金句，定期檢查就像買了一張保險，這保險雖然無法保證你不發生突如其來的意外，但絕對可以保你免於蛀得太嚴重而痛到顫抖冒汗的窘境。

省了荷包也省了身心酷刑，何樂不為。

很多人到老了才深深體悟到無齒之苦，語氣中滿是悔恨，要嘛說自己自幼貧苦根本沒時間去管牙齒的問題，等有閒有餘力時，一口牙已經爛光光。有的說從小什麼都不怕，就怕上牙科，又曾遇上不好的就醫經驗，之後一直逃避，才會搞到不可收拾。有的說以前衛生教育不好，根本沒人教導口腔保健，哪裡知道刷牙還有這麼多學問，也沒有定期洗牙的觀念，現在知道已經來不及……

越想省麻煩，越不能怕麻煩

　　理由千百種，總之就是失足已久，再回頭已百年身。但拜現代醫學進步之賜，無齒之徒也是有機會重登有齒的行列，除了傳統的活動假牙，現在也有成熟的植牙技術，要再有一口堪用的牙齒其實也沒那麼難，但就是你的鈔票要準備足夠。

　　尤其是現在人的壽命一再延長，最新的數據兩性都已經突破80歲了，在不久的將來，可能還會往上攀爬至90歲，從你退休之後可能還要再活二、三十年，如果這麼長的時間都沒法好好進食吃東西，一則營養的攝取必定受到影響，消化吸收的機能也不會太好，再則食乃人生一大樂事，見美食而不能暢所欲吃，人生的樂趣將大大降低，晚年將更為悲涼。

　　尤有甚者，有些人年紀輕輕就已經齒牙動搖，別說是退休後了，可能離退休還好久就已飽受牙口不好之苦，這樣的人生怎會是彩色的？逝者已矣，來者可追，如果你的過去沒有好好顧好自己的口腔，那就放下屠刀，立地成佛

吧。現在開始猶未晚矣，趕緊把有問題的部分修正回來，然後維持清潔，還是能回歸正常，雖然這中間會經歷一段黑暗陣痛期，但跟漫漫人生比起來，這絕對是值得的。

從人生實用商學院的角度來看口腔健康，其實我的簡單結論就是：越是不耐煩，越會惹麻煩；越想省麻煩，越不能怕麻煩。每天做好口腔清潔其實需要的就是不怕麻煩，善用牙刷牙線牙間刷，現在有很多電動牙刷也有不錯的效果，你需要的只是持之以恆的耐心與習慣，到最後，你會發現這才是人生最好的投資。

希望你好好的上了這一課。

38

別讓自己唱衰你自己

人生難免有低潮，如何才能從谷底反轉，走出幽暗，重見陽光，是很多人都想找到答案的問題。

有些人一旦遇到挫敗，第一個反應就是否定自己。認為自己技不如人，能力比人差，再怎麼努力付出也不會有好結果。失敗確實讓人沮喪，也的確應該檢討，但真的別忙著全盤否定自己，如果人人如此，哪來的賈伯斯、馬斯克？哪來的郭台銘、貝佐斯？

或許你會說，又不是人人都像他們那麼聰明富有，他們是人生勝利組中的勝利組呀。難道他們就沒失敗過？他們失敗的次數可能遠超過你所想像，但他們可沒因此就退縮不前，賈伯斯就曾說過：沒有失敗過的人，就不可能有所創新。這些世界頂尖的成功人物，他們最不怕的就是失

敗。

但不可否認的，失敗的感覺就是讓人不爽快呀，感覺不能假裝，不爽就是不爽，我們不可能像日劇裡醫術高超的大門未知子那樣，瀟灑地丟下一句：「我是絕對不會失敗的！」然後甩個頭，轉身離開。但我們確實可以告訴自己，這個失敗的痛只會是暫時的，它不會是個永遠的狀態。

當你有了這樣的認知，就會比較快一點跳出這灘爛泥。譬如失戀，譬如投資失利。誰年輕時沒有幾段失敗的戀情或投資？第一次可能痛苦到想死，但只要撐過來了，你的耐受度也會提升，第二次可能修復期就會短一點，之後漸次縮減痛苦感。如果有個人失戀五次，每一次都痛苦到想死，那我可以斷言此人的人生不會有太成功的表現，因為他沒有性靈的提升。

培養運動習慣，衰神遠離你

淡如說，痛苦的時候，你可以盡情地沉浸於悲傷，讓

自己好好難過一場，但是，請你給自己訂下一個走出來的時間表，並且嚴格執行。這看似不容易，但可以練習，如果有朋友拉你一把，也千萬不要拒絕，任何可以幫你脫離吐魯番窪地的力量，都能讓你早點恢復常態。

如果沒有體己的朋友，那就自我修復。以正面的話語鼓勵自己，像不像三分樣，慢慢地總有些效果，也會有助於走出低潮。

要是你有憂鬱傾向，有時單靠自己或朋友也拉拔不起，那就求助專業，心理諮商或助眠藥物都好，只要有心要改變情況，總是會有方法。怕就怕自己都放棄拯救自己的機會，那就只能等待奇蹟，否則就是滅頂。

重點是，不要因為一次失敗就採完全悲觀主義，看什麼都是灰色的，認為自己永遠翻不了身。我有一位朋友因為操作金融衍生性商品失利，一夕之間賠掉數千萬，搞到精神頹靡、差點崩潰。「天生我材必有用」雖然是句老掉牙的勵志語，但我始終認為這句話顛撲不破，我一直告訴他要相信自己的存在有絕對的價值，即便只是造福自己及身邊的家人朋友，都值得喝采。他有專業技術，錢是可以

再賺的，雖然可能辛苦些，生活並非過不下去，只要用對方法，還是可以慢慢回歸常軌。

要告誡一些想賺快錢的人，千萬不要因為貪快就一次all in，投資是細水長流的事。還有，一定要保留足夠的生活基金，才不會因為一次的失利讓人生陷入困境。

有一種人我覺得最可悲，就是不斷把錯歸因於別人，但自己又不思振作，總是唉嘆時不我予，這樣的人跟成功絕緣是必然，就算成功可能帶有一些運氣成分，好運也始終降臨在樂觀開朗的人身上，福神怎可能會挑整天唉聲嘆氣愁眉苦臉的人靠近？換作是你，你願意嗎？

此外，我個人的經驗是：培養一個適合自己的運動，慢跑或瑜伽都好，運動的時候可以釋放腦內啡，對情緒的平復有很大的幫助。運動不必太激烈，但最好持之以恆，有運動習慣的人通常比較正向，也比較能轉換思考模式，不會老想鑽牛角尖，很多成功者都是運動的愛好者，這一點毋庸置疑。

你害怕失敗嗎？想想看，最常唱衰你的人是不是你自己，只有不被自己擊敗，你才能反敗為勝。

39

自己不尷尬，
尷尬的就是別人

　　在跟淡如合作人生實用商學院的這幾年間，我親眼見到她受到許多酸民的言論攻擊，她總是不動怒，三言兩語倒打一耙，然後就讓它過去，雲淡風輕不放在心上，這點讓我佩服不已。

　　舉例來說，有人拿她年紀做文章，說她蹭新媒體，說她怎麼還活躍在風口上，不如去社區大學教書等等。她就祝對方也能活得像她一樣長，不但不退縮，還把Podcast做到收聽排行第一名，反過來還謝謝嗆她的酸民，說要頒給對方稿費。

　　這種功力真的不是人人有，我於是向她請益，如何才能在有人故意來挑釁刁難，或是面對人生重大關卡時，擁有四兩撥千斤的本事？

她說，從商學院的角度來看，挑戰與回應屬於一種賽局關係，如果今天遇到有人來挑釁，你到底該不該直球對決，該不該集中火力報復？這時首先該看的是，此人之於你，究竟算不算得上是威脅，如果不是，無視就好。如果是，那就必須小心，否則很可能搞成兩敗俱傷的下場。

　　這有點像是美蘇冷戰時的緊張局勢，兩邊都認定只要對方膽敢發射飛彈，自己絕對也發射回擊，那結局會如何，其實不難想像，就是變成一場零和賽局，沒有人會贏。所以，在掂過雙方斤兩之後，你必須冷靜下來，千萬不要因為賭一口氣而弄到你死我亡、魚死網破。

事情遇到了，才知道有多荒謬

　　淡如說，最高妙的回應方式應該是四兩撥千斤，這句話其實來自太極拳打手歌中的一句：「掤捋擠按須認真，上下相隨人難侵，任他巨力來打我，牽動四兩撥千斤，引進落空合即出，沾連黏隨不丟頂。」

　　在理財的路上，你一樣會遇到許多橫柴入灶的牛鬼蛇

神。有的來跟你招保險、有的鼓吹你辦卡辦會員、有的遊說你買你完全不懂的金融商品，當然也有想來跟你調頭寸或邀你投資未上市股票的⋯⋯不勝枚舉。他們或利誘、或死纏爛打，如果你一時被話術迷惑，或是礙於某些情面不好意思拒絕，後來的損失可能超乎你想像。

雖然不同於挑釁的惡意，但這些可能會啃食你辛苦得來的積蓄的人，一樣需要用四兩撥千斤的智慧去應對。

首先，對於你財產的動向，千萬不要有任何不好意思掌控的念頭，只要你的態度堅定，沒有人可以動搖你。我記得剛開始工作的時候，有一位某家保險的業務員天天到醫院緊迫盯人，只要見到有空閒的醫師，就猛哈拉閒聊灌迷湯，目的就是拉保險。由於他態度親切又殷勤，還不時送個免費的便條紙或原子筆，很多菜鳥醫師就這樣簽下了現在看起來一點也不划算的儲蓄保單，我也是其中一個。

還有更悲慘的，我還曾被高中老師借錢不還。真的怎麼也想不到，都已經高中畢業三十年，當年的導師還能找到你，以一種乞憐的姿態跟你借錢。我當時確實錯愕，也確認是他本人無誤（因為是當面給他的，不是匯款），

你怎麼忍心拒絕曾教過自己的老師？又怎麼會想到為師不尊，居然連學生的錢也要倒債？

他曾是我很尊敬的導師，還得過師鐸獎，也曾在某大學擔任中文系系主任，無論如何都很難懷疑他的人品。但世事難料，他就是發生了，後來我才知道，我們班受害的還不只我一個。

很多事都是遇到了，才知道有多荒謬。

我想現在要是我再遇上同樣的事，我絕對會有不同的應對方式。為什麼對我殷勤，我就要跟他買保險？如果今天要是他賣的是房子呢，難道我也隨便買？至於老師借錢這件事，我問過許多人，其實大部分還是會借，就當是報師恩。但其他人來借，除非這錢借出去收不回也不會心疼，否則免談，寧可丟掉朋友也好過錢跟友誼同時丟了。

怎麼四兩撥千斤？就說現在我也缺錢，等以後有錢再說吧。臉皮厚一點，多拒絕幾次，對方也就知難而退。自己不尷尬，尷尬的就是別人了，這是過來人的經驗談，如果你還沒遇過這樣的事，千萬記住這堂價值不菲的課，可以幫你省下不少冤枉錢！

40

婚姻是理情也理財的事

在某一次錄音時，淡如突然丟了一則資訊給我，說等
會兒我們也來談一談這個新聞。我一看，是則剛爆出來不
久的：比爾‧蓋茲與結縭27年的妻子宣布離婚。

這確實令我有些意外，因為無論在公開場合或媒體
上，這對夫妻向來都以琴瑟和鳴的樣貌示人，也沒聽聞過
雙方有任何不倫緋聞，還常同進同出參與慈善活動捐出大
筆款項，怎麼會突然就宣布協議離婚，讓人費解。

離婚最好能離得夠大方

我說：即便兩人情已淡，其實也還是可以各自發展興
趣，又何必一定非離婚不可？此語一出，淡如馬上吐槽：

你看你看，你這就是標準的台灣人思維！並引來周遭一陣爆笑。

確實，西方人跟我們對於婚姻有很不同的看法，我們傾向把離婚看成人生的一項缺失，似乎不能走到盡頭就代表著一種不完滿；而西方人則只把婚姻當成一段人生的過程，合則聚，不合則散，繼續完成自己的人生比較重要。

雖然現在我們的離婚率也高，但你會發現很多人還是會把離婚視為不光彩的事，因為走不下去的婚姻常常演變成雙方撕破臉，而且長輩就會訓斥說，這是把婚姻當兒戲，所以大家自然無法坦然攤開來說，認為那是個人生汙點。

最近有一位很酷的女歌手張懸（已改回本名安溥），竟選在她的演唱會上當眾宣布她離婚了，台下是一片鼓掌叫好。這是我看過最正向面對離婚這件事的人，她很有智慧的說了一段話：「很高興自己結過婚也離過婚，因為能夠看到自己在各種情緒下是抱持什麼樣的念頭及決定，親眼看一次自己是什麼樣的人，看一下他人的需求跟脆弱，了解自己終其一生都要這麼赤裸裸地面對情緒。」

這種坦然與正向，非常值得肯定。

此外，離婚離得夠大方，也是一件令人激賞的事。比爾·蓋茲、貝佐斯、馬斯克，離婚時都付出巨額贍養費，眉頭完全不皺一下。你或許會說，他們富可敵國，就算付那些贍養費，也還是身家驚人，當然可以大方給。但是轉換時空，如果這事發生在我們這裡的富翁身上，可就完全不是那麼回事，富有的一方必定會想盡辦法把財產留下來，被離的那方只能努力打官司，爭取屬於自己該有的那分尊嚴，其實真的還有尊嚴嗎？

當緣分盡了，什麼都是問題

婚在情在，離了就一定要如此刻薄以待嗎？我們看到很多本地豪門的離婚，明明錯的是自己，但在財產分配上還斤斤計較不肯讓步的也比比皆是。財產多的人離得難看，財產少的也未必就容易，如果還扯上孩子的扶養權，那本帳可能會厚的像古早電話簿。

其實我一直覺得，結婚離婚，都是需要理情又理財的

事。或許你會覺得這樣講很現實很俗氣，但是請你相信，如果沒有這樣的心理準備，要結束時一定會變得很痛苦很難堪。

很多人覺得婚姻談錢很傷感情，但是我覺得基於理財的觀點，婚姻裡的大小事其實都離不開錢，與其撕破臉時理不清，倒不如感情好時就說清楚。相信很多離婚時吃足苦頭的人，一定會認同我的說法，很多人在感情濃時什麼都不是問題，等緣分盡了什麼都是問題；如果不想離婚時一無所有淨身出戶，婚前把雙方財產如何劃分討論清楚會比較好。

有項美國的調查研究指出，年收入達5萬美金（約160萬台幣）的人比起2.5萬美金（約80萬台幣）的，離婚率減少30％。這結果很有趣，我跟淡如的解讀卻是大異其趣；她認為這是因為錢多的人有太多分產的法律問題需要協商談判，使離婚的難度提高，所以離婚率較低。我則認為是錢賺得多的人比較容易有幸福感，畢竟貧賤夫妻百事哀，當現實生活壓力成了壓垮婚姻的最後一根稻草，婚姻自然比較難以維持。

無論如何，離婚這檔事到了現在，真的該以更平常的心態來面對，天不會因此而塌下來，地球也會照常繼續轉動，你／妳還是可以呼吸吐納，生活在一個美麗新世界。說聲「離婚快樂」或許太矯情，但真的不要再悲情，繼續往前走比較重要。

41

果決甩掉毒素，
讓新能量進來

　　相信上過國中理化的人應該都知道熱力學的第一定律叫做「能量守恆（不滅）定律」，但是知道熱力學第二定律的可能就沒那麼多了，它叫做「熵增定律」。

　　什麼是「熵」呢？其實指的是在一個封閉系統裡，只要不再引入外界能量，整個系統內部就會逐漸走向失序，進入一個混亂的狀態，而這個混亂的程度就叫做熵，混亂持續增加的現象就稱為「熵增」。如果混亂到達一個極限，將內部的能量完全耗盡，就會進入毀滅。

　　這是一個小自個人、大到宇宙都要面對的問題，就像是個宿命，誰也無力違抗。

　　一個家庭或公司也都要面對熵增的過程。我想每個人的家最整齊美觀的時候，必然是剛完成裝潢時的那一天，

之後家中物件、人口逐漸變多，也就越來越擁擠紊亂，等住了20年再回頭一看，整個家已經亂到一個不像話，處處是雜物了。一個企業也是如此，在草創初期，人人都有極高的士氣與使命感，努力為公司注入心血，等規模逐漸擴大，人員越來越多，制度慢慢形成，一些腐化的問題也就開始冒出頭來，等失序的狀況難以收拾，就會走向衰亡。

所以常有人講「富不過三代」，或一個朝代的盛衰常不過三百年，都是相同的道理。

過去種種譬如昨日死，別留戀沉沒成本

科技文明看似帶給我們更舒適的生活，我們逐漸擺脫那些原始不便的蠻荒日子，但我們同時也在製造垃圾與汙染，使整個地球越來越不適宜居住，包括氣候變遷、臭氧層破洞、能源枯竭……我們也終將難逃自食惡果的下場。

我們的身體也是如此，身體像是一部機器，而且是部巨大又精密的機器，它的每個細部零件都在努力運作以讓

我們能夠正常生活，但這會消耗非常多的能量同時產生大量廢物，如果我們不攝入食物以供給這些零件足夠的營養並排出廢物，整部機器將很快會因累積太多毒素而停止運轉，最後死亡。

聽起來很悲觀，但如果你不去管什麼宇宙終會滅亡這種無用的天下之憂，其實在有限的生命裡，你還是可以做很多事來對抗這個熵增的過程，讓人生過得有意義些，雖然從宏觀來看終究有點像是夸父追日，不過既然來了世上一遭，何不讓自己活得精采些？

知名的奧地利物理學家薛丁格（Erwin Schrödinger）就說：「生命以負熵為生，人活著的意義就是不斷對抗熵增的過程。」如果我們一直把人生中的種種失敗挫折負面情緒扛在身上，就是在累加自己的熵，只會讓自己越來越不健康。以此推理，若你能把過去的不如意當作沉沒成本揚棄，就能走向減熵的過程，也就是過去種種譬如昨日死，這樣才能有新生的能量。

除此之外，勇於跨出舒適圈，走進學習圈去挑戰新事物，也是很重要的一種破除熵增的做法。活到老學到老絕

不只是一句空洞的鼓勵話，在平均壽命可能趨近百歲的現在，如果從退休到進棺材的時間超過三十年，而你就這樣一路停滯下去，生命將變得毫無意義。

當然，努力運動、好好維持身心健康就不在話下，其實這些聽起來都像是老生常談，不過也都是能讓熵增的速度放緩的實際作為，當長命百歲不再只是一句祝福，而是你必須面對的現實，這些實際作為是你不會因長壽而活得痛苦的箴言。

相同的道理也可以運用於理財的概念，「人不理財，財不理你」大家都會說，但整個理財的人生也是個熵增的過程。你一定會犯一些錯誤，一定有一些失敗的決策，如果你不思進步，只想得過且過，那財富自由的人生只會離你越來越遠。健康的理財模式是：把錯誤的投資習慣改正、長期穩定分散風險、努力投資自己、維持健康把人生坡道延長。這樣才能抵銷熵增帶來的負面影響，讓自己越快不再為錢傷腦筋。

熵增定律真的不是教科書裡一則冷冰冰的物理定律，是與我們人生息息相關的唯真法則。

42

理財之前，先學好理債

　　有一次，淡如傳了一個視頻給我看，是一隻名叫「蟹堅強」的肉球近方蟹（品種不重要，就是一隻小螃蟹）的求生故事，這隻小螃蟹本來是用來餵食一隻白狗鯊的活餌，但牠幸運地逃過一死，雖然十隻蟹腳全斷，腹部也被狠咬一口。不過即便逃過鯊口，這樣的狀態其實也很難存活。

　　但白狗鯊的飼主突然慈悲心大發，留下這隻小螃蟹並好好照料牠，令他驚奇的事發生了，這隻小螃蟹展現了堅韌的生命力，不但努力進食，也逐漸把失去的斷腳慢慢地長了出來。二十天過去，牠居然已恢復到幾乎接近原本的模樣！但甲殼類動物要長大，必須要經過不斷脫殼的過程，如果脫不了殼，牠將會死在舊殼裡。

飼主本來對牠能否完成褪殼不抱期待，沒想到放完一個長假回來，這隻堅強的螃蟹徹底脫胎換骨，變回一隻嶄新完好的小蟹，讓他驚喜不已，整支影片放上網後，獲得巨大的迴響，也感動了無數人。他給這段勵志的過程下了一個結論：奇蹟，只會降臨在不輕言放棄的傢伙身上。

　　故事放在人生的啟示上，就是告訴我們，遇上危難時，如果期待別人對你伸出援手，你也必須表現出強烈的求生意志。如果你自己都要死不活的，怎能奢望別人來救你？這就是天助自助者的意思，放到企業面臨危機時，也是相同的道理。

　　你的公司經營出狀況，如果你自己都不想積極去重整，讓他有起死回生的機會，又怎能期盼別人給你一臂之力？很多負債的公司都很怕銀行會雨天收傘，讓他們突然失去週轉的能力，其實銀行在評估收傘與否時除了考量抵押品外，另一個很重要的因素是這家公司有沒有自救的動力。他們也不希望因為抽銀根而連之前借貸出的錢都收不回去，這就是債務協商的藝術。

先自助，才會有天助

這讓我想起一位資深藝人周思潔的故事，她當年因為被合夥人騙、幫親戚作保被連累、公司遇上大火被燒光貨品而負債上億元。一般人可能就雙手一攤任人宰割了，但她不服輸，積極地找債權人協商，表明給她活路去賺錢，才是能讓她還錢的唯一可能。

她花了17年的時間努力工作還債，這期間她24小時手機不關機，讓債權人一定可以找得到她，這樣的誠信打動了債權人，願意給她時間，雖然用了17年才清償債務，但對雙方來說都是一個好的結局。

一個企業也是一樣，你認為企業最重要的是什麼？是財報？賺錢能力？都不是，最重要的是誠信。如果沒有誠信，生意絕對做不長。

每個創業者都曾遭逢財務調度的危機，能不能順利過關跟創業者的心態有很大的關係。

淡如告訴我一個她親身遇到的實例，有一次她的電商平台幫一家瀕臨危機的公司做成一筆3、400萬的銷售額，

公司得以生存下來。沒想到後來該公司再來要求合作，竟把成本提高兩成，這讓淡如非常不愉快，被派來談的行銷經理也知道自己老闆這麼做很不厚道，有違商業誠信原則，所以當淡如婉拒了合作邀約後，這位經理也鬆了好大一口氣，因為他自己都很難說服自己來做這種不合理的要求。最後，這位經理離開了那家公司出來自立門戶，反而更海闊天空，生意做得有聲有色。他後來跟淡如還是朋友，因為他深諳什麼才是商場上的仁義道德。

個人的理債能力也同樣重要。如果你有很多負債，想辦法把漏洞最大的債務趕緊補起來，例如卡債。這絕對是啃噬你財富的最大蛀蟲，想辦法快點還清，不然就努力與銀行協商，讓債務破洞不會越來越大，你肩上的擔子才能變輕。理財之前先學理債，唯有把債務處理好，人生才看得到希望。

從這隻螃蟹的身上，我們學習到為人處世的硬道理，這些可不是課堂上會教你的事，看到這裡，你有什麼啟發？

43

斷捨離是人生的最佳決策

人生不可能沒有不甘心，從小到老，我們要面對的不甘心多如牛毛，如果你一直把這些討不回公道的情緒扛在背上，可能早已被壓垮了。

釋迦牟尼在弘法時，曾舉了一個譬喻來講「斷愛近涅槃」。他說：有一個人在旅行時遇到一條大河，這岸充滿危機，對岸則相對安全。幸運的是他找到一艘木筏，靠著木筏，他安然抵達對岸。他想這木筏對他大有助益，不如將它頂在頭上一路隨行，以便之後能再利用。結果這人沒走多遠就被大盜追上，命喪刀下。

你一定會說：誰這麼傻呀？怎麼可能把木筏扛著走？但是其實很多人正在做著類似的事而不自知。

同業友人跟我說過一個故事，一位前輩牙醫師遇上一

個麻煩的病人，幫他做的一副假牙無論怎麼調整始終不滿意，最後病人要求退還假牙的製作費用，但這位牙醫卻不同意，因為他自認花了許多時間精神和製作假牙的各項材料與工錢，怎麼可能退費？於是病人每天找上門，一坐就是大半天，不斷騷擾他，讓他身心俱疲快得憂鬱症，不得已還是退費了事。

淡如也說過她朋友的一個故事，這位朋友是個教作文的老師，某個學生來報名上了課，課都上完半年了，有一天學生家長居然上門來要求退費。老師覺得莫名其妙，一問緣由，竟然是家長認為孩子的作文都沒進步，所以老師該退費，而且他還撂下狠話，如果不退，就要在網路上po文說這位老師不會教，讓對方名譽掃地，招不到學生。這位老師後來選擇息事寧人，退錢消災。

跟美式賣場學習，不跟奧客耗時間

每一行每一業都可能遇上這樣的奧客，如果站在公平正義的角度，你一定認為不該姑息養奸，因為這樣的人很

可能是慣犯，到處揩油占人便宜，只要店家屈從了，他就賺到了。但若從商學院的角度看卻不是如此，你看美式大賣場為何不問理由、也不管消費者吃掉用掉多少，甚至只剩不到十分之一的殘骸，只要消費者不滿意，他們也願意退費。細想起來，美式賣場的做法才是聰明的贏家思維。

　　你該衡量的是：討公道或跟奧客耗所花費的時間精神金錢成本，跟你所損失的錢比起來，到底值不值得？你不能只是為了爭一口氣，結果花了更多的時間心力甚至律師費，這樣就算贏了也沒有意義，因為你可能損失得更多。不如把他當作沉沒成本，把用來跟奧客角力的時間去做創造更多價值的事情，這才是聰明之道。

別計較，你的時間成本更寶貴

　　別以為他們用這一招可以永遠有效，現在的商家也會祭出黑名單制度來反制，一旦遇上奧客，立刻將這個人po給所有相關企業或同業店家做為警戒，這樣的人到頭來就會被當成公敵，處處不受歡迎。

用正面一點看待，大家也可學習到什麼樣的人很可能會是奧客。當你更懂得分辨後，下次這樣的人再度光臨，你腦中的雷達警示系統就會開始嗶嗶響起，提醒你別再重蹈覆轍，這也算是另類收穫，雖然有點阿Q。

如果你的工作是直接面對人群，依照比例原則，你一定會遇上某些討厭的人，這是避不開的事，你只能學習應對之道，這也是一種成長。

淡如說他們的電商也會遇到很愛挑剔刁難的奧客，後來她給小編定下的SOP就是，乾脆直接問顧客是不是要退貨，並且很爽快的答應對方。但她也認為只能給這樣的顧客兩次機會，如果真的遇上故意來占小便宜的奧客，寧願說再見，也不要繼續浪費彼此寶貴的時間。

人生有很多沉沒成本，不需耗費時間悼念，最佳決策就是斷捨離。與其不斷計較周旋或怨天尤人，不如把眼光移開、繼續向前，你的時間成本比較寶貴呀，不要弄錯了目標。

44

從空城計學理財之道

空城計是家喻戶曉的故事，但其實從這個虛構的故事裡（空城計並不存在於正史中，而是出自《三國演義》裡的故事），我們可以學到很多的商學院管理之道。

我稍微簡單陳述一下這個故事，已經熟悉這個故事的人大可跳過。馬謖失了街亭之後，諸葛亮退守西城，司馬懿親率十五萬大軍想要將他一舉殲滅，但來到寨前，探子卻回報諸葛亮帶著小童在城門樓上焚香彈琴，好不愜意。諸葛亮其實只有老弱殘兵兩千五百人，他知道自己一定是打不贏司馬懿的，所以只能用計賭一把，而司馬懿也是個謹小慎微的人，他臆測諸葛亮必不會涉險行事，如果硬闖，恐遭埋伏，最後選擇退兵，諸葛亮的沉著讓他化險為夷。

有人說，司馬懿也知道這是諸葛亮的計謀，他是故意退兵的，目的為求自保，否則也恐失去利用價值而遭殺身之禍。總而言之，故事是編的，看看就好，我們要探討的是如何將當中的智慧運用在企業管理上。

人生可能面臨很多選擇，企業也是，當面對的是你可能去做了以後，會有失去所有的風險，卻也有可能一本萬利；如果不去做，你就只能停在原點、沒有進展，這時你會如何決定？

這個問題很像個賽局理論，不是零分就是一百分，但現實世界常常更為複雜，也沒有所謂的標準答案。要不要去做？要怎麼做？很可能一百個人有一百種考量，得到的結果卻往往不是成功就是失敗。

要看長期效益，不糾結眼前小利

我在跟淡如討教這個問題時，用一個騰訊投資的NuBank新興銀行當案例，騰訊在2018年就投入了1.8億美金，目前雖然營收有大幅成長，但仍處於虧損狀態。如

果這是一個前景不佳的生意，騰訊絕不可能投入這麼多的資金，他們必定是看中這家銀行的未來大有可為，所以即使前面幾年可能需要燒掉不少錢，還是願意砸錢投資。

我問淡如，如果有人提了這家銀行的企劃案給妳，妳會不會投資？她連思考都不用就直接回答我：絕對不會！

理由是，她沒有這麼大的資本，即便拿所有的錢去投資，拿無異是用小蝦米去填大鯨魚的胃，完全等不到投資成果就掛點了。雖然明知這絕對是前景可期的投資，也不能貿然下手。但我問她若今天她跟騰訊一樣有錢會不會投資？她不假思索就說她一定會投。

面對同一個企劃案，卻是兩個截然不同的答案，你看出問題的所在了嗎？是的，就是你的本錢有多少，你的實力有多強。司馬懿擁有十五萬大軍，照理說西城一戰是很有拚面的，但他在無法確定對方虛實的狀況下，寧願保全自己的軍隊，因為這一衝進去，很可能就是零與一百的差別。贏了固然可以活捉諸葛亮立功，但仍未必能夠滅了蜀漢，輸了可就很難在曹魏再能有立足容身之處。

司馬懿看的是長期效益，不是眼前小利。他知道他的

主要敵人不是諸葛亮，而是自己的主子，打敗諸葛亮只是短期利益，更何況他只要活得比諸葛亮更好更久，諸葛亮就不會是他永遠的宿敵。

　　人生的任何重大決定，都是一次零與一百的賽局遊戲，你必須做的是全盤考慮、理性思索、分析得失。你當然也可以冒險，告訴自己不入虎穴焉得虎子，得虎子又全身而退是一百分，但另一種結果也可能是葬身虎穴，那就是零分，想清楚能否承擔後果，再做出決定，失誤的機會就會少很多。

　　投資理財也是同樣道理，著眼於長期利益比斤斤計較短期得失更重要許多。太多的人殺進殺出賺到的微薄之利，在一次黑天鵝來襲時全都付諸流水還不夠賠。賭徒心態的投資者很容易遇上暴起暴落的下場，除非你能確定幸運之神每一次都站在你這邊，否則一次的全下很可能從此畢業再無翻身機會。

　　千萬別用撈一票的心態孤注一擲，那不如去買樂透彩，勝算的機率還高一些。

45

不想結婚經濟學

在 20 多年前，淡如曾寫過一本書《愛情以互惠為原則》，在當時大大暢銷，卻也引來不少議論。因為大家覺得，愛情如此浪漫神聖，怎麼可以跟利益扯上關係？簡直太勢利了。

當時淡如說的「惠」，雖非單指利益，但確實也有那麼一點意思在裡面。過了 20 多年，我感覺她的看法也有了相當程度的改變。

幻想很豐滿，現實很骨感

現代的結婚率日益下降，不婚不生的人越來越多，這中間必然有其生成因素。

有研究指出：從商學的角度來看，一個國家的人均 GDP 只要超過一萬美金（台灣現在早已超過 3.3 萬美金了），就有三種消費情緒會形成主流：一、愛漂亮。二、怕死。三、孤獨。也因此會衍生出對顏值需求的經濟活動、重視養老的經濟活動以及滿足獨自生活的經濟活動（也就是常聽到的單身經濟）。這些順應而生的經濟活動成為顯學，如果你有相關的技術或長才，絕對不怕沒飯吃。

　　也就是說，只要人民的生活開始走向寬裕，「單身」就會是越來越多人的選擇，這是統計數據，騙不了人。如果再深究其背後的原因，就會有非常有趣的成本會計概念在裡頭。

　　當一個人由單身走入婚姻，他的收入並不會因此而增加，但相對的他的支出卻會變多。如果婚前的自由是你的成本，那結婚顯然就是你用自由去買共組家庭這件事情，婚姻中你付出的成本是自由、購屋資金、養兒育女及照顧家人所需的時間及精力。而婚姻帶給你的收益是什麼呢？提高人生的歸屬感、一個穩定生活的家庭感、得到來自伴侶的照料、兒女成長的滿足感。但說實在的，這些收益每

一項都很抽象，也未必真的都能如願（如果婚姻都這麼美好，離婚率也就不會逐年攀高了）；但你付出的成本卻每一項都是扎扎實實、見血見肉。

幻想很豐滿，但現實總是骨感的。若從經濟學的角度來分析婚姻的成本與收益，你很快就會發現這是一樁入不敷出的交易。在教育程度越來越高的現在，每個人的心裡都有一個算盤，隨便撥一下也知道會虧損，如果你不願意過上越來越差（跟婚前比起來）的生活，當然就不可能步上紅毯、走進禮堂。

不可忽視的單身商機

另一個美國的研究也顯示：當人民的物質生活越豐足，經濟水準越發達，他們對婚姻的態度就越小心。在匱乏的年代，婚姻的功能很單一，就是維持物質保障跟社會的穩定，通常也沒有太多愛情的成分在內。就算有，也很容易被生活的磨難給消蝕殆盡。在生活富裕之後，愛情才在婚姻中有了重量，兩人開始重視感覺，希望有歸屬感、

生活融洽、朝共同的目標邁進。如果這些願望無法實現，很可能就會阻滯人們往婚姻裡跳的動力。

當然也有很多田野調查會直接告訴你更血淋淋的不婚理由，像是連自己都快養不活了，怎麼結婚生子？或是沒有把握能給另一半一個穩定的窩，與其一家四處漂泊，不如一人浪跡天涯。還有的是不想與另一半為生活磨合，寧願一個人輕鬆自在……

不管理由是哪一項，不婚的人口勢必繼續成長，但這群人也將成為未來一股重要的支撐世界經濟的力量。所以要看得出潮流的脈動，才能嗅出商機的所在，若繼續用過去那種處處以滿足「家庭式需求」的思維來生產商品或服務客人，未來若不更弦易轍，只怕也會面臨時代轉變的考驗。

希望你不會覺得這樣的論點太現實，有句老話說：時代考驗青年，青年創造時代。仔細想想，不想結婚不也符合這樣的時代精神嗎？

46

騙局總是朝著你的
脆弱而來

孔子曰：「君子有三戒：少之時，血氣未定，戒之在色；及其壯也，血氣方剛，戒之在鬥；及其老也，血氣既衰，戒之在得。」

什麼叫做戒之在得？到了老年，人生開始離「失」越來越近，各種生理功能逐漸衰退，要警戒自己不要貪得無厭。一再執著於慾望，只會讓得不到的痛苦加深，要想達到「從心所欲不逾矩」的境界恐怕就更難了。

不要以為只有啃老族或敗家子才會偷走你的錢，有些長輩過於衝動或冒險的理財行為也常常使兒女全部一起被拖垮，這樣的例子並不少見。

舉例來說，我的父母那一輩，跟會是一種很流行的理財方法，現在或許已經比較少見，但我小的時候，鄰居

們來收會錢根本是家常便飯。我相信只要你是四五六年級生，你也一定有相同的回憶，而你也一定聽過許多倒會的案例，或許你的父母就曾是被倒會的苦主。一旦被倒會，家庭立刻陷入一片愁雲慘霧，或許不會馬上斷炊，但生活一定會變得比較拮据。

這種案例隨著時代的演進，現在已經比較少聽到，取而代之的，是更慘更難防的損失。

單身老人更要小心被盯上

像馬多夫的龐氏騙局，就是其中很具代表性的一例，其實也就是台灣曾經流行一時的老鼠會。藉由一個拉一個的方式，用後來加入者所繳的費用，作為先前加入者的利息，前面的人確實有領到所謂的高利，當然就相信這一切都是真的，就很勤快地把身邊的朋友一個一個拉進來，沒想到發起者根本沒有真的把投資者的錢拿去賺更多的錢，而是捲款潛逃，弄得投資人血本無歸。

這樣的騙局從知名的鴻源案一直到現在，還是偶爾

會出現在媒體版面，騙局的本質從未變過，只是改用不同的話術來包裝，但某些長輩只要一聽到有高利息可分，心裡就著了魔，很難不被吸引。我還曾聽過有人幾乎無役不與，每一次的騙局都踩進去，如果說被騙一次是涉世未深、不知人心險惡，或許還值得同情；次次都被騙還說是識人不明，恐怕很難說服人。

可別認為只有非法金融遊戲才會騙了老人家的畢生積蓄，合法的一樣也會！還記得2008年引發全球金融海嘯的重要兇手——雷曼連動債事件嗎？那就是一個銀行合法銷售的金融衍生性商品。當時許多銀行理專為了抽取高額獎金，在自己也不是很了解商品的風險性之下，卯盡全力跟很多退休的老人家推銷這個連動債，而老人家在聽信這些理專的話術（既保本又比銀行定存利息高）後，紛紛解掉定存，把退休金全部拿來投資。

後來的慘劇不用我多說，相信你印象深刻。之後很多人對銀行理專失去信心，根本不敢再隨便聽他們推薦來買金融商品，但錢總要有去處，於是又有人鼓吹買利率高的貨幣（如南非幣、土耳其幣）來賺利息，但這些國家的經

濟狀況不佳，政治也不是太穩定，幣值的波動往往相當劇烈。有的人賺到了利息，卻被匯率給打回了原形，甚至反而倒賠，自以為聰明，其實是白忙一場。

還有一種騙財的手法，是衝著寂寞的單身老人來的。很多人在網路上交友，一些號稱在國外工作的情報人員、外交官、無國界醫生、理財專家……身分不一而足，只靠著一張俊美的照片就把很多中老年人迷的不能自已。不但互稱老公老婆，還對對方的需索一一買單，把辛辛苦苦攢下的棺材本就這樣一筆筆的匯給對方，卻連對方的面都沒見過。

有的銀行行員嗅出不對，跟他們說這是感情詐騙，還反被他們斥責，完全聽不進勸。很多子女無奈的表示，他們也無法約束父母，往往都是接到警察通知，趕到現場才知道父母竟然陷入桃色陷阱。

騙局太多，總是朝著人性中最脆弱的貪婪與寂寞而來，邁入老年，如果還因此失了財，恐怕人生不但成了黑白，連生活都成問題，豈能不慎？

47

做個好命退休人

我輩同齡者，現在已開始要面臨準備退休的階段，退休，也是人生一個重大的**轉變**，它代表著一個人要從從事最久的一個工作崗位退下來，可能不再做任何工作純粹過日子，也可能開始玩自己的**興趣**或當志工，但也有些人決定善用自己的專長，讓自己斜槓一下，**繼續有收入**。

幫自己增加收入的四帖良方

要怎麼好命退休是個大哉問，但這個問題必須提早思考，如果臨渴才想掘井，那就只能期盼天降甘霖了。財經專家林奇芬給了我們很實際的四帖良方，很值得大家參考。

第一帖：培養專業能力。這建議很重要，但必須開始的早，因為這跟你能否找到一個得以發揮長才又能累積財富的工作有極大的關係。而且，現在只擁有一項專長可能也不是太足夠，如果能多學習幾種不同的技能，就能為自己帶來更豐厚的收入，累積日後退休基金。請注意：專業能力是需要與時俱進的，否則也可能成為時代的眼淚。我有個朋友學的是資訊管理，但畢業後就結婚使她從未踏入工作發揮所學，等孩子大了想再找份工作，才發現她當年學的電腦知識早已過時，根本派不上用場，只能從頭再來。

　　第二帖：加強財富管理。白話的說法就是懂得如何理財，這不一定是要你去搞什麼大投資賺大錢，而是讓你的資產能夠趕得上通膨的腳步，不要淪為經濟殺豬刀下的鈔票侵蝕受害者，讓你在退休時還能夠過上一定水準的生活。這需要一個很強的心理素質——自律，按部就班，一點一點慢慢滾雪球。你可以定期定額買入優質的股票或ETF，如果遇到股市大跌時，就多少再加碼一點，但千萬不要一次全投，這樣才不會讓自己緊張兮兮，也保有逢低

再加碼的彈性空間。股市永遠留機會給在重挫時有閒錢也有勇氣加碼的人，所以不要急不從眾、不要想一夕致富，一步一步穩穩走，才是財富管理的精髓。

第三帖：保持健康的身體。健康這件事在你擁有時你很難珍惜與在意，總是要等失去了，才會深深感受它的好與重要性，尤其對年輕人講這一套總被嗤之以鼻，但等到知道它的重要而想開始努力，卻常已嫌遲。股神巴菲特就曾說過，累積財富像在滾雪球，如何滾出又大又圓的雪球來，靠的除了一開始的雪球大小，這坡道的長度也很關鍵。所謂坡道的長度就是人生的長短，如果你能在很早的時候就意識到健康的重要而好好鍛鍊，你的坡道就會比別人長；如果你已經40、50了才想累積財富，那也只好把人生坡道努力做長鋪平，這樣才不會將你好不容易存下的錢全耗費在昂貴的醫療行為上，太多人的半生積蓄可能一場大病就花光，那是最悲涼的晚景哀歌。

第四帖：優化人際關係。大家都承認朋友很重要，但說實在的，有多少人真的擁有足以支持陪伴走完人生的朋友？很多人目前的朋友只是階段性的熟人，可能是同學，

也可能是同事，當你一旦畢業或離職，這種朋友關係也可能就畫下休止符。如果你到了退休的時候，竟發現自己身邊沒有一個可以一通電話就把他找來幫忙你的人，你的人際關係就是不及格。很多中高齡者之所以繼續求學，並不只是為了拿學位，而是可以藉此認識很多新的、年輕的朋友，帶來更多不同的啟發跟火花。有良好的人際關係，就可以幫自己的退休生活注入活水而不顯得暮氣沉沉，你會更愉快。

好命其實掌握在自己手裡，要好命退休更是如此，不管你現在是30、40還是50歲，開始照著這幾帖藥方來準備，絕對不會讓自己到了退休的那天，才仰天長歎自己是個下流老人。

你的人脈是不是
你的人脈？

　　大家都同意，人脈很重要，尤其對你的工作或事業經營，有著決定性的關鍵影響。有時候只要有對的人拉你一把，你省下的時間力氣，恐怕是好幾大卡車。但你可知道，人脈不是你認識多少人，而是有多少人認可你；還有，人脈也不是你可以隨便運用的。

　　跟淡如合錄Podcast有一段時間了，有些商界的朋友會問我：你跟吳小姐很熟吧？能不能幫我引薦一下，我有生意想跟她合作。

　　我的做法是，如果這個朋友我很熟，他的東西也很好，那我會先跟淡如打聲招呼，問她是否也有興趣。如果有，我才會介紹給對方，至於他們之後能否合作成功，都與我無關；如果沒有，我就不會幫忙引薦，以免造成不必

要的壓力。而如果來請託的人我完全不熟，只是臉書上沒見過面的朋友，我絕對不會幫忙引薦。

對岸有一位很知名的管理諮詢公司創辦人劉潤先生就提到了這樣的觀念，他說：你想要認識一個人的關鍵，是對方想不想認識你，這個決定權在他，不在你，也不在中間引薦的人。

商業利益不可凌駕個人誠信

說的更直白些，你想認識某人（通常是對你很有價值的人），應該要先想想，自己有沒有價值讓對方也想認識你。你要先展示出你的價值，你能給出什麼樣的價值，就會認識什麼樣的人；而你能為別人創造出多大的價值，你就擁有多大的價值。

有時候，你創造出的一些價值，就會自然地幫你引出一條路來認識更多對你有幫助的人。好多年前，我其實已經出過好幾本書，但可能是因為賣得不夠好，所以突然找不到任何可以再出書的機會；正當我覺得沮喪的時候，一

位很久以前我幫他寫過推薦序的朋友聯絡上我，問我還有沒有再寫東西，我說出了我的狀況，他馬上幫我把稿子傳給他的編輯朋友，促成了我的出版機會。

你當然也可以說這是運氣好，但運氣有時候是靠你自己平日堆累起來的價值去塑造的。

人脈不能賣

如果你正打算創業，人脈對你更顯重要，當你的生產或銷售卡在某個環節無法進展，如果有相關的人脈幫你打通關節，會讓你猶如打通任督二脈一般，順利許多。我們在社會走跳，人脈真的不能不經營。

不過對於你所擁有的人脈，千萬不要輕易地以價錢販售，那會壞了你的人格信用。跟淡如聊這個話題時，她說了一個故事。有一次她在對岸的一個富商朋友問她認不認識一位台灣某領域執牛耳的教授？這位泰斗剛好也是淡如的朋友，於是她幫忙居中介紹。事後這位教授跟淡如說，那位富商有意要投資他的生技產業，金額非常龐大，如果

淡如能幫忙撮合，他願意給淡如一筆酬謝金。

淡如想了一下，予以婉謝，並把這件事告訴他的那位富商朋友，要他自己審慎考慮投資價值；如果合作成功，她很恭喜雙方，如果不成，也不傷及她與雙方的朋友關係，大家還是朋友。她說：我如果收下這筆謝金，就等於是出賣了我的信用，萬一將來他們的合作中出現了什麼糾紛，我會很難擺脫責任，而且很可能會把原本的朋友關係搞壞，事情傳出去不但很難聽，以後誰還敢跟我做朋友？大家會以為我專門在收這種錢，我又不缺這筆錢，為什麼要為這區區金額打壞我的人格信用？

商學院的法則就是，任何商業利益都不能凌駕個人的誠信，如果把你的人脈秤斤論兩賣，你的信用很快就會破產。她很樂意看到雙方合作成功、創造雙贏，這樣雙方對她都會心懷感謝，日後會是她更有價值的人脈，那才是三贏局面，她的誠信無價，任何金錢不能交換。

你需要人脈嗎？這是非常有價值的一堂課。

49

凡事請精打細算再出手

當市場一頭熱的追捧AI概念類股，而你也因此搶買時，可有想過你可能又開始陷入從眾的跟風之中？

從一窩蜂地跟開手搖飲店、葡式蛋撻、甜甜圈、夾娃娃機……我們總是看到一波熱潮潮起又潮落。看到別人做什麼會賺錢，就會有人前仆後繼，這是人性，但也常會弄到黯然沒落的下場。真正賺到錢的多半是剛開始介入市場的20％，之後再陸續進場的往往只剩一些肉湯，等到市場飽和了才跳進去的，則多半賠錢退場。

很多人厭倦了求職、轉職、看老闆臉色過日子，於是一心想著創業自己當老闆。但若不是自己的專業，只是盲目地看什麼熱門就去加盟，等到進去之後才發現，什麼都受制於人；就算明知原料耗材都比較貴，但礙於簽了約又

不能自行採買，到頭來賺的錢大多進了總公司口袋。扣掉店租水電及人事成本之後才發現，其實結餘的金額可能跟去上班領的薪水差不了多少，反而還更勞心勞力，工作時間更長。

有的還是夫妻一起投入，原本是雙薪家庭，結果開店賺得反而比原來的收入還少，自己當老闆賺的只是表面風光，其實荷包不胖反瘦。但是頭已經洗了，又不甘心草草收場，於是一天一天苦撐，等到身體不堪負荷甚至累出病來，才認賠了結，這樣的例子我看了不少。

別讓未經評估的創業夢耽誤下半生

就算不加盟，如果沒有專長，在創業開店時就只能選擇門檻低的，但這類的店其實市場上已經相當多，若沒有地點跟商品的優勢，生意只能算普通。而且這類商品的價格都已經被定錨了，你如果定價高於市場平均價位，客人很可能就往別家跑，所以為了留住客人又不敢隨便漲價，落在一個不上不下的尷尬空間。

雖然知道勉強經營著很痛苦，但又拉不下臉來再走回頭路去找工作（或是已入中年難以重返職場），況且有的還是跟爸媽岳父母或兄弟姊妹集資來開的店，收掉又很難跟他們交代，陷入一個進退兩難的困局。這還不是最慘的，我們診所對面有一個店面，才剛開了三個月的小火鍋，馬上遇到疫情來襲。由於根本沒人敢外食，又無法轉型賣便當或改外帶，直接關門收攤，我估算一下，賠個60、70萬應該是跑不掉。

如果年輕還好，禁得起賠，也算花錢上了一課，但若已經年過五旬才來經歷這一場，恐怕人生會很慘，畢竟這個年紀才要從頭再來，需要的絕不只勇氣。很多人把自己創業想得太簡單，尤其是開實體店面，你需要精算的數字很多，千萬不能僅憑感覺。

我有一位朋友跟人合夥在西門町一級戰區開牛肉麵店，這店光裝潢就花了1,200萬，一碗牛肉麵也才賣250元，這是要怎麼回本？我把事情說給淡如聽，她直接搖頭說：這店一定開不下去。

果不其然，這個朋友邀我去她的店要招待我的話還言

猶在耳，不到兩年的光景就收掉了，那成了一個永遠無法兌現的邀請。他們當初想得太美好，認為光吃觀光客的單就一定大賺，一下子就把餅畫得太大；但人算不如天算，一個政策的轉變，讓陸客來台人數銳減，生意馬上掉了四成。原本已是苦撐，後面又遭逢疫情，就算兼作網購生意，也跟外送平台合作，還是入不敷出。

股東裡有人無法忍受一直虧損，要求退股拿回一些本錢，其他人當然也紛紛要退出，主要大股東無力獨撐全局，只好忍痛關門。但那1,200萬的裝潢可是帶不走的，只能全數當成沉沒成本。其實他們不是沒有甜蜜期，只是砸下的成本太高，即使剛開始有過榮景，也很難有盈餘；牛肉麵是國民小吃，其實該走的平實風，為何要花1,200萬來裝潢，這個投資顯然有欠思考。可能老闆對自己的手藝太有信心，讓他以為一定天天座無虛席，其實就算天天客滿，這高額的裝潢成本還是很難回本呀。

如果你也有創業夢，如果你已不再年輕，請你無論如何找個會精打細算的人分析一下成本結構，再來決定出手與否，光憑滿腔熱血與浪漫情懷，可能只是一場荒唐夢！

創造被動收入的富思維

. . . .

★ 錢或許買不到所有的東西，至少可讓你擁有自由。別一下班就癱在沙發上，早點用複利效應投資自己，才能有效放大財富。

★ 痛苦的時候，可以讓自己好好難過一場，但是也要制訂下一個時間表走出來，千萬不要唱衰自己。只有不被自己擊敗，才能反敗為勝。

★ 遇到危難，不能坐等別人伸出援手，你自己也必須表現出強烈的求生意志。

★ 人生有很多沉沒成本，不用耗費時間悼念，最佳決策就是斷捨離。與其計較周旋、怨天尤人，不如選擇繼續向前，因為你的時間成本更寶貴。

★ 若想降低來自親人的情勒困擾，最好的自立之道，就是好好理財賺錢，減少對親人的依附，因為用錢能解決的都是小事。

★ 誠信無價，不能用金錢交換，對於你所擁有的人脈，更不可輕易轉售，那只會壞了你的人格信用。

國家圖書館出版品預行編目（CIP）資料

打造被動收入流 : 幫自己加薪的 49 個富思維 /
林峰丕著 . -- 第一版 . -- 臺北市 : 遠見天下文化
出版股份有限公司 , 2024.05
　面；　　公分 . -- (財經企管 ; BCB842)
ISBN 978-626-355-788-8(平裝)

1.CST: 個人理財　2.CST: 投資　3.CST: 成功法

563　　　　　　　　　　　113006906

財經企管 BCB842

打造被動收入流：
幫自己加薪的 49 個富思維

作者 ─ 林峰丕

副社長兼總編輯 ─ 吳佩穎
副總編輯 ─ 黃安妮
責任編輯 ─ 陳珮真
封面暨版型設計 ─ Dinner Illustration
美編協力 ─ 陳亭羽
校對 ─ 魏秋綢

出版者 ── 遠見天下文化出版股份有限公司
創辦人 ── 高希均、王力行
遠見‧天下文化　事業群榮譽董事長 ── 高希均
遠見‧天下文化　事業群董事長 ── 王力行
天下文化社長 ── 王力行
天下文化總經理 ── 鄧瑋羚
國際事務開發部兼版權中心總監 ── 潘欣
法律顧問 ── 理律法律事務所陳長文律師
著作權顧問 ── 魏啟翔律師
地址 ── 台北市 104 松江路 93 巷 1 號
讀者服務專線 ── (02) 2662-0012｜傳真 ── (02) 2662-0007；(02) 2662-0009
電子郵件信箱 ── cwpc@cwgv.com.tw
直接郵撥帳號 ── 1326703-6 號　遠見天下文化出版股份有限公司

電腦排版 ── 簡單瑛設
印刷廠 ── 中原造像股份有限公司
裝訂廠 ── 中原造像股份有限公司
登記證 ── 局版台業字第 2517 號
總經銷 ── 大和書報圖書股份有限公司　電話／(02) 8990-2588
出版日期 ── 2024 年 5 月 31 日第一版第一次印行
　　　　　　2024 年 10 月 9 日第一版第六次印行

定價 ── NT 400 元
ISBN ── 978-626-355-788-8
EISBN ── 9786263557932 (EPUB)；9786263557895 (PDF)
書號 ── BCB842
天下文化官網 ── bookzone.cwgv.com.tw

天下文化
BELIEVE IN READING